Landwirtschaft im Wandel

Natur und Technik einst und jetzt

Von Nis R. Nissen

Westholsteinische Verlagsanstalt
Boyens & Co., Heide

KLEINE SCHLESWIG-HOLSTEIN-BÜCHER · BAND 39

Herausgegeben von den
Provinzial-Versicherungen, Kiel

Wissenschaftlicher Betreuer: Prof. Dr. Ernst Schlee

Vorsatz vorn:
Dithmarscher Kuh, Lithographie von 1847 aus „Festgabe für die Mitglieder
der elften Versammlung Deutscher Land- und Forstwirthe . . .“

Vorsatz hinten:
Die Kuh als chemische Fabrik, Lehrtafel einer Landwirtschaftsschule,
ca. 1975

Bildnachweis:
Bildarchiv des Dithmarscher Landesmuseums und des Landwirtschafts-
museums in Meldorf

ISBN 3-8042-0450-3

INHALT

*„Die dem Menschenglück zugedachte Unterwerfung
der Natur hat im Übermaß ihres Erfolges, der sich nun
auf die Natur des Menschen selbst erstreckt, zur größten Herausforderung geführt, die je dem menschlichen
Sein aus eigenem Tun erwachsen ist."*

Aus: Hans Jonas, Das Prinzip Verantwortung

Das Thema

In diesem Buch geht es um das Verhältnis von Landwirtschaft und Natur.
Die Verwandlung Schleswig-Holsteins in ein Kulturland, d. h. in eine von
Menschen gestaltete und genutzte Landschaft, steht dabei exemplarisch im
Blickpunkt.

Zwölfeinhalb Prozent der Fläche des nördlichsten Bundeslandes sind –
nach Heydemann – versiegelt unter Ortschaften, Straßen, Fabriken. Eine
etwa gleichgroße Fläche nehmen Wald, Gärten und Gewässer ein. Das alles
zusammen macht ein Viertel des Landes aus. Der Löwenanteil, nämlich drei
Viertel der Fläche, besteht aus Äckern, Weiden, Wiesen, aus landwirtschaftlicher Nutzfläche also. Sie gilt vielen Gästen und Bewohnern als Natur,
gleichsam als Reservatgebiet für Pflanzen und Tiere. Dieser Eindruck ist
unschwer als optische Täuschung zu erkennen. Auch Wald und Gärten sind
Kulturland.

Biologen sprechen im Unterschied zu dieser Kulturlandschaft von Resten
naturnaher Flächen, wenn sie Heide, Moore und Dünen meinen. Sie nehmen
in Schleswig-Holstein allerdings nur zweieinhalb Prozent der Fläche ein.
Natur oder, vorsichtiger im Sprachgebrauch der Biologen ausgedrückt,
naturnahe Flächen sind also zur Randerscheinung geworden.

Das Aufzehren der Naturgebiete und ihre Umwandlung in Kulturland-
schaft sind in erster Linie eine Folge der landwirtschaftlichen Aktivitäten.
Das begann vor etwa 5000 Jahren, als immer mehr Menschen in diesem
Gebiet seßhaft wurden, um Ackerbau zu betreiben und Vieh zu halten. Aus
Kulturoasen entwickelten sich im Laufe der Jahrtausende Kulturflächen,
Siedlungs- und Anbaugebiete, die von den Menschen geformt worden sind.
Der Prozeß verlief sehr langsam, hatte seine Rückschläge und seine Ausbau-
zeiten. Bis vor ungefähr zweihundert Jahren war davon etwa die Hälfte
Schleswig-Holsteins erfaßt. Die andere Hälfte, meistens Heide und Moore,

lag völlig brach oder wurde nur beiläufig genutzt. Erst der große Umwandlungsprozeß, der seit ungefähr einhundertfünfzig Jahren alle Lebensbereiche der Bewohner unseres Landes erfaßt und den wir Industrialisierung oder als Gesamterscheinung „industrielle Revolution" nennen, hat in verhältnismäßig kurzer Zeit zur fast totalen Vereinnahmung der Erdoberfläche geführt, nicht nur in Schleswig-Holstein.

Dabei blieb es aber nicht. Pflanzen- und Tierwelt selber sind in Kulturwesen verwandelt worden, sozusagen vom ersten Tag an, an dem die Menschen sie in ihren Dienst stellten. Böden und Gewässer wandelten ihren Charakter. Im Dasein der Bewohner selber, in ihren Lebensbedingungen blieb nichts beim alten. Auch in diesen Dingen hat es in den ersten Jahrtausenden nur zögernde, langfristige oder partielle Veränderungen gegeben, bis sich auch hierin in den letzten hundertfünfzig Jahren alles schneller, gründlicher, revolutionärer wandelte. So kamen, um nur ein Beispiel zu nennen, die Bewohner heraus aus ihrer Abhängigkeit von den Kräften der „Natur", von Dürre und Hagelschlag, Überschwemmungen und Schädlingsinvasionen, Raubtieren, Seuchen und Mißwuchs. Seit der Mitte des vorigen Jahrhunderts gibt es keine gefährlichen Mißernten mehr. Seit der Mitte unseres Jahrhunderts sind die Ernten durch den Einsatz von Maschinen und Chemie kalkulierbarer geworden. Die einst nur durch Zauber zu beschwörenden, die Existenz bedrohenden Faktoren wurden entmachtet.

Der große Veränderungsprozeß des 19. und 20. Jahrhunderts läßt sich als Folge der „industriellen Revolution" bezeichnen. Auch auf dem Lande gab es sie, und die ländlichen Umwandlungen waren vielfach Voraussetzung für die Entwicklung in den Ballungszentren. Woher hätten die Arbeitskräfte kommen sollen für die Fabriken, wenn sie nicht durch Mechanisierung im Dorf freigeworden wären? Und wie hätten die Bewohner der neuen industriezeitlichen Städte ernährt werden können, wenn nicht der Ertrag pro Hektar schon im vorigen Jahrhundert verdoppelt und dann weiter gesteigert worden wäre?

Und doch sind die Weichen für das, was in der „industriellen Revolution" geschah, schon viel früher, ungefähr vor 5000 Jahren, gestellt worden. Auch damals gab es etwas, was nachträglich und neuerdings gern als „Revolution" bezeichnet wird, als „neolithische" (jungsteinzeitliche) oder „agrarische" Revolution.

Was ist damit gemeint?

Die großen Kammergräber der jüngeren Steinzeit sind die ersten festen Häuser, die sich Bewohner unseres Landes vor bald 5000 Jahren erbaut haben, freilich als Totenhäuser. Sie werden von den Archäologen mit den ersten Ackerbauern und Viehhaltern in Verbindung gebracht.

Agrarische Revolution in der Steinzeit

Vor etwa 5000 Jahren bekam Schleswig-Holstein seine ersten „Bewohner", d. h. Menschen wurden seßhaft. Das war neu. Alle, die bis dahin ins Land gekommen waren, wechselten ihre Standorte mit den Jahreszeiten, richteten ihr Kommen und Gehen nach den Wanderungen der jagdbaren Tiere und den Reifezeiten der Früchte, die sie zur Lebenserhaltung sammelten. Alle, die bis dahin gekommen waren, lebten als Nomaden, deren Lebens-Wege von der „Natur", also den Jahreszeiten, den Tieren, den Früchten vorgezeichnet waren.

Wie sich das historisch auch im einzelnen abgespielt, wie viele Zwischenstadien es auch gegeben haben mag – im Endeffekt setzte sich damals eine neue Lebensform, ein neues Kulturverhalten durch – unser Kulturverhalten.

Mit dem Seßhaftwerden stellten die Bewohner Schleswig-Holsteins auch Tiere in ihren Dienst. Rinder wurden jahrtausendelang vor den Pflug gespannt, wie diese skandinavische Felszeichnung aus der Bronzezeit zeigt.

Die gegenüber den Rindern schwerer zu haltenden Pferde sind jahrtausende-lang nur zu kultischen Zwecken, wie dieser bronzezeitliche Sonnenwagen aus Trundholm in Dänemark dokumentiert, oder von der Herrenschicht als Reittier benutzt worden.

Die Menschen blieben am Ort. Und sie nötigten bestimmte Tiere, ebenfalls ihre Wanderungen zu den jahreszeitlich wechselnden Weidegründen aufzugeben und bei ihnen am Ort zu bleiben, nämlich Rinder, Schweine, Schafe, Ziegen – der Hund war schon früher in den Dienst genommen –, Pferde, Geflügel und Katzen kamen später dazu. Es mag einerlei bleiben, wieweit die damaligen neuen Bewohner des Landes nur die Kunst der Tierhaltung erlernt, die Tiere aus dem Osten importiert oder als Zuwanderer mitgebracht hatten oder aber hier vorkommende Tierarten, wie den Auerochsen, selber domestiziert haben. Auf das Resultat dieser historisch langwierigen Vorgänge kommt es uns an:

Mit ihrer eigenen Lebensführung änderten die damaligen Menschen das Leben von Tieren, von Rind, Schwein, Schaf und Ziege. Seitdem unterscheiden wir zwei Gruppen von Tieren: Wild und Haustiere. Standort und Schicksal der Haustiere sind dem Willen der Menschen unterworfen. Das scheint nicht allen gut bekommen zu sein. Funde von Rinderknochen lassen erkennen, daß die Tiere im Laufe der Jahrhunderte an Größe verloren, daß sich Kümmerformen entwickelten, vermutlich, weil das Futter vor allem im Winter am festgelegten Standort spärlicher ausfiel als auf den wechselnden Weiden der Wanderzeit. Auch mag sich auf die Dauer auf die Konstitution der Tiere ausgewirkt haben, daß sie nicht mehr allein für ihren Schutz aufkommen mußten. Die Menschen übernahmen im eigenen Interesse den Schutz ihrer Herde. Die Standortbindung des Viehs muß sich auch auf die Umgebung ausgewirkt haben. Durch den Winter dürften die Haustiere nur durch einen gewissen „Kahlfraß" auch solcher Pflanzenteile gekommen sein, die sie in der Wanderzeit verschmäht hatten.

Ackerbau betreiben, Feldfrüchte anbauen, das heißt, ein Stück Erde auszugrenzen aus unbegrenzter Wildnis, heißt, sich Erde verfügbar zu machen als Kulturfläche zum Anbau geeigneter, nützlicher Pflanzen. Dabei mag unerörtert bleiben (wie bei den Tieren), ob oder welche Pflanzen von irgendwoher bezogen oder im eigenen Lande gefunden worden sind. Entscheidend stellt sich der Effekt dar: Es begann eine generelle Scheidung von Kulturland und Wildnis, von Kultur- und Wildpflanzen, und es muß sich auch bald die Lästigkeit ungerufener Pflanzen, der Unkräuter, eingestellt und sprachlich ausgedrückt haben.

Schließlich wurde ein Platz erforderlich für die dauerhafte oder doch Jahreszeiten überdauernde Niederlassung: ein winterfestes Haus, gebaut mit Aufwand und aus Materialien, die nicht mehr mitgenommen oder reuelos im Stich gelassen werden konnten. Die neuen Bewohner taten – noch heute augenfällig – etwas für ihre Toten, was Nomaden schwerlich unternommen hätten: Die mit mächtigen Findlingen für die Ewigkeit gebauten Kammergräber werden von den Archäologen mit den ersten Ackerbauern und Viehhaltern unseres Landes in Verbindung gebracht. Sie liegen immer an hervorgehobenen Plätzen im Lande, als sei auf sie das Leben orientiert gewesen. Und die Toten wurden ausgestattet und mit Ritualen vorbereitet für eine andere Welt, für offenbar unbegrenzte Zeiten im Dauerwohnsitz des Grabes. Das erscheint uns charakteristisch für den Glauben von Seßhaften. Ihre Religion, ihr Verhältnis zu Göttern, zu Kräften der Natur muß sich – wie die Gräber – total von denen der Nomaden unterscheiden. Sie brauchen Schutz für eine neue Form von Besitz, für Haus und Hof, für Felder und Pflanzungen, für Hirten und Herden, Schutz gegen zerstörende Kräfte der Natur. Diese Menschen begründen materiell wie geistig eine neue Kultur.

Oasen der Kultur

Die Wohnsitze bildeten den Kern der Kulturlandschaften, die lange Zeit Oasen blieben in Wildnissen. Oasen aber, von denen aus sich die Welt der Bewohner des Landes ordnete. Oasen, in denen sich ein Kulturverhalten entfaltete, das bis heute Grundlage unseres Lebens blieb, auch wenn Überproduktion und Supermärkte es fast vergessen lassen: Alle leben von jenen Mitmenschen, die pflügen, säen, ernten, dreschen, mahlen, backen und Vieh halten, melken, schlachten, verarbeiten.

Seit der Bronzezeit wurde auch Geflügel am Hause gehalten, und seit etwa Christi Geburt vervollständigte die Katze den Haustierbestand. Ungebetene Hausbewohner wie Mäuse und Ratten hatten sich schon eher eingestellt.

Die Jungsteinzeit-Bauern haben sich offenbar konsequent ihrer neuen Ernährungsbasis zugewandt, soweit einzelne archäologische Funde Einblick geben in ihren Speisezettel – etwa durch Auszählung von Knochenresten. Das Greifen und Schlachten des eigenen Viehs war, wie wir mühelos nachvollziehen können, leichter und ungefährlicher als die Jagd auf flüchtiges Wild. Jedenfalls spielte dieses in der Ernährung nur noch eine geringe Rolle.

Der eigentliche Ernährer der Seßhaften wurde der Boden am eigenen Standort: der Ackerboden war Nahrungslieferant für die Menschen, die Weiden waren es für die Tiere. Dabei zogen die Menschen ihren Nutzen aus der naturgegebenen Fähigkeit des Bodens, von sich aus Überfluß zu produzieren, d. h. mehr wachsen zu lassen, als zur bloßen Erhaltung der Pflanzendecke notwendig ist. Dazu gehört auch, daß der Boden sich von störenden Eingriffen erholen, d. h. sich regenerieren kann.

So war es möglich, sich in langen Zeiträumen, in Jahrtausenden auf die Erträge des Bodens zu verlassen, ohne ihm wieder Nahrung zuzuführen. Die Nützlichkeit des Düngens, d. h. der Zuführung von Wachstumsenergie, ist eine neuere Erkenntnis, ihre konsequente Anwendung vielleicht erst 200 Jahre alt. Die Erträge allerdings waren vordem sehr bescheiden. Die

Bewohner dürften froh gewesen sein, wenn sie das Doppelte oder Dreifache ihrer Aussaat wieder hereinbekommen haben. Das war nicht in jedem Jahr garantiert. Wo aber der Boden nicht mehr genug hergeben wollte, war es gemeinhin möglich, den Standort zu wechseln. Flächen gab es lange ausreichend. Die Besiedlungsdichte schwankte, und die bevorzugten Standorte wechselten und damit auch die Intensität der Einwirkung auf die Landschaft.

Systemveränderung durch Gesetz: Die „Verkoppelung"

Tiefgreifende „revolutionäre" Veränderungen in den Wirtschaftsformen sind in Jahrtausenden nicht erkennbar – bis in die Zeit vor ungefähr 200 Jahren. Ab 1766 veränderte in Schleswig-Holstein ein Gesetz zur Agrarreform, die „Verkoppelung", die Bodennutzung grundlegend. Bis dahin lagen erhebliche Teile des Landes in einem naturnahen Zustand, bestanden aus unkultivierten Mooren und Heiden.

Nur in den Marschen war das ganze Land verteilt und gehörte jeweils zu einem Hofbesitz. Auf der Geest, dem größten Teil von Schleswig-Holstein,

Die schleswig-holsteinische Knicklandschaft ist mit der Verkoppelung seit der zweiten Hälfte des 18. Jahrhunderts entstanden. Die Erdwälle und die auf ihnen zu einem engen Geflecht miteinander verhakten, „geknickten" Bäume und Büsche wurden als dauerhafte, nachwachsende Einfriedigung nötig, als die Feldmark bei der Verkoppelung aufgeteilt worden ist.

Diese Lithographie von W. Heuer mit der Ansicht der Preetzer Kirche ist in der Mitte des vorigen Jahrhunderts entstanden, als die Knicklandschaft längst Einzug gehalten hatte in Schleswig-Holstein. Doch gibt das Bild uns eine gute Vorstellung davon, wie die Landschaft einmal ohne Knicks ausgesehen hat und das Vieh, nicht nur die Schafe wie hier, gehütet werden mußte.

zählten in der Regel nur die Äcker zum Eigentum der Höfe. Sie bildeten große „Gewanne", von denen jedem Eigner ein Streifen gehörte. Am Beispiel der Flurkarte von Weddingstedt von ca. 1780 ist erkennbar, wie sich die Gewanne mit der Zeit vermehrt und wie sie sich in den Wald hineingefressen hatten. Der Wald erscheint als Restbestand.

Alle übrigen Flächen wie Heide, Weiden, Wiesen, Moore, Sandkuhlen waren Allgemeinbesitz, „Meente" oder „Allmende". Eigene Meentverfassungen regelten sowohl die Bestellung der Ackerflächen im „Flurzwang", d. h. in gegenseitiger Abstimmung des Fruchtanbaues, als auch die Nutzung der

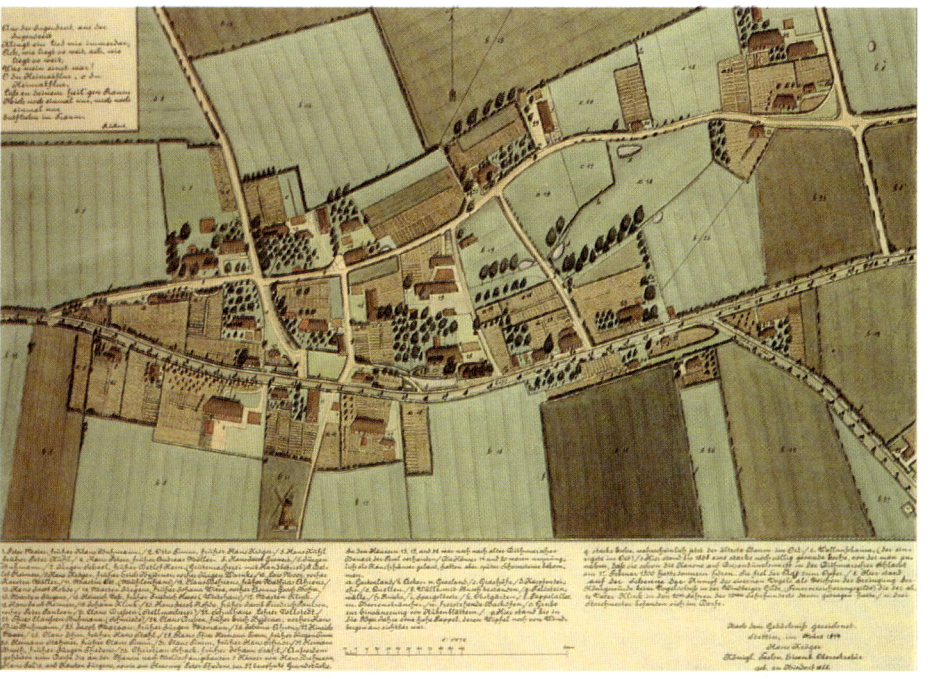

Ein alter Mann zeichnete aus der Erinnerung im Jahre 1914 sein Dorf, in dem er einmal geboren war, im Zustand des Jahres 1881. Wir zeigen diese reizvolle und gründliche Arbeit als Beispiel dafür, wie durch die Verkoppelung die Feldmark bis an den Dorfrand unter die einzelnen Hausbesitzer verteilt worden ist. Diese uns selbstverständliche Situation ist erst durch die Verkoppelung entstanden. Der Plan befindet sich im Besitz des Dithmarscher Landesmuseums in Meldorf.

Weideflächen, wobei festgelegt war, wer wieviele Tiere weiden durfte und wie es mit dem Hüten zu halten war.

Als Weide genutzt wurde alles, was Futter hergab, Wald und Heide eingeschlossen. Das hatte fatale Folgen für den Nachwuchs der Bäume. Ihre jungen Schößlinge fanden immer Liebhaber unter den Tieren, und wo sich Gehölz durchsetzte, blieb es buschig. Schönes Stammholz hatte keine Chancen. Die Verheidung war programmiert.

Hat man das nicht gewußt? Ja, sicherlich. Es gibt schon früh Versuche, das Waldsterben durch Raubbau zu stoppen, etwa durch Gründung von „Holzschulen" u. ä., mit denen Abholzungen und Wiederaufpflanzungen reguliert werden sollten. Es scheint aber, als sei es damals gewesen wie heute: Einzelne und lokale Muster änderten nichts am Verlauf des Ganzen. Dem vielfachen Raubbau, dem Verbiß der Jungpflanzen durch das Vieh wäre letzten Endes nur durch eine Änderung des Systems der Meentverfassung beizukommen gewesen.

Und genau das, die Systemänderung, brachte die „Verkoppelung". Sie legte den Grund für die heutige Struktur und das uns vertraute Gesicht der Feldmarken und Landschaften in Schleswig-Holstein. Mögen die Flurbereinigungen der letzten Jahrzehnte auch weitere Modifikationen gebracht haben, in wesentlichen Punkten setzten sie den einmal begonnenen großen Prozeß fort und perfektionierten ihn. Ein wesentliches Ergebnis war die restlose Aufteilung der Flächen rund um jedes Dorf.

Mit der „Verkoppelung" erhielt jeder Berechtigte außer seinem Acker je nach Anteilen ein Stück Weide, Heide, Wiese, eventuell auch Moor und Gehölz. Jeder mußte seine neuen Äcker, Weiden und Wiesen selber einfriedigen. Da noch kein Stacheldraht oder anderes technisches Hilfsmittel zur Verfügung stand, wurden in den Niederungswiesen Gräben, auf festem Grund Erdwälle mit buschiger, künstlich ineinander verhakelter Pflanzung angelegt: Knicks. Damals entstand die Knicklandschaft Schleswig-Holsteins. Sie hatte außer ihrem eigentlichen Zweck, der Einfriedigung der „Koppeln", noch andere Vorteile: Schutz vor Verwehungen und Erzeugung von Brennholz. In regelmäßigen Abständen, etwa alle sieben Jahre, wurden und werden die Knicks ausgeholzt, damit die Büsche nicht zu Bäumen auswachsen, deren Stämme keinen Verhau mehr bilden, das das Vieh zusammen- oder fernhält.

Nicht überall ist die Feldmark in einem Zug aufgeteilt worden. Die Bewegung lief im 19. Jahrhundert weiter, erfaßte vor allem auch Moore und Gehölze.

Moore waren bis zum Beginn des 19. Jahrhunderts in der Regel nur vom Rand her genutzt worden, soweit sie zugänglich waren, um Heu, Torf oder Reet zu gewinnen. Im Laufe des 19. Jahrhunderts sind die meisten Niederungen – in Schleswig-Holstein liegt fast jedes Dorf am Rande einer Niederung – durch Anlage von Gräben und Dämmen und Dränage in Grasland, Weiden oder sogar Äcker verwandelt, also kultiviert worden. Das, was die Fürsten in den Riesenmooren des Ostens oder im Teufelsmoor nördlich von Bremen im 18. Jahrhundert im großen Stil begonnen hatten, spielte sich als stiller, völlig unspektakulärer Prozeß in vielen unserer Dörfer ab. Ebenso ist den Heidegebieten entschieden zu Leibe gerückt worden, soweit sie nicht schon bei der Verkoppelung aufgeteilt worden waren. Am Ende des 19. Jahrhunderts lagen nur noch Restflächen ungenutzt, jene, die durch den Heidekulturverein im

Programm Nord oder bei anderen Maßnahmen nach dem Zweiten Weltkrieg endgültig in Kulturflächen umgewandelt worden sind. Der heutige Naturschutz rechnet mit 2,5 Prozent naturnaher Fläche, zu der aus biologischer Sicht gern auch die Knicks, weitere 1,2 Prozent der Fläche, also die Kunstschöpfungen der Verkoppelung, genommen werden.

Bodenverbesserung bis zur Überproduktion

Wo möglich, ist auch die Ertragsfähigkeit verbessert worden, durch gezielte Entwässerung etwa, durch Dränage – eine fast unsichtbare, aber sehr wirksame Maßnahme. In parallelen Linien wurden 80 bis 120 cm unter der Erde aneinanderstoßende Tonröhren verlegt, die das Wasser sammeln und in Gräben ableiten. Das ließ sich erst wirtschaftlich machen, nachdem seit der Mitte des vorigen Jahrhunderts Knetmaschinen Tonröhren in endloser Folge ausspuckten.

Sie erleichterten die Trockenlegung von Feuchtgebieten, erwiesen sich aber auch in höheren Lagen als nützlich, dort nämlich, wo sich Feuchtigkeit in Senken, kleinen oder großen „Lunken" sammelte und die Erträge schmälerte.

Die Aufteilung der Feldmark in passende und wirtschaftliche Stücke sowie die verschiedenen Spielarten der Entwässerung haben den Charakter des Bodens großflächig verändert, schon im 19. Jahrhundert und noch stärker durch die Flurbereinigungen nach dem Zweiten Weltkrieg. Ihr Hauptzweck ist es (gewesen), die Flächenerträge zu steigern durch Zusammenlegungen und maschinengerechte Aufteilungen der Feldmark sowie durch ertragverbessernde Bodenbehandlung, vor allem durch schematisierende, effektive Entwässerung. Die gradlinigen Kanäle anstelle von sich windenden Flüssen und Bächen, die Kulturflächen anstelle alter Feuchtparzellen sind Sinnbilder geworden für die Flurbereinigung, wenn auch nicht einziger Sinn dieser Maßnahmen. Trotz Gegensteuerung in Einzelfällen basiert das heutige System großflächiger Bodennutzung auf der Flurbereinigung.

Die Flurbereinigung schloß den mit der Agrarreform des 18. Jahrhunderts begonnenen Prozeß der Okkupation der Fläche ab, der die einst nutzlose oder allenfalls extensiv benutzte Biotopvielfalt in ertragreiche, maschinengerechte Einheiten verwandelte. Der Prozeß funktionierte die Erde, als deren Gast die Menschen auch in unserem Land einst begannen, zur passend hergerichteten, für maschinelle Produktion verfügbaren Nutzfläche um.

Zu den Paradoxien der Entwicklung gehört es, daß die effektive Nutzung der Flächen zu einer Überproduktion beigetragen hat, die heute zu einem schwierigen politischen Problem geworden ist. Auch dazu entstand eine Gegenbewegung: Kulturflächen aus der Nutzung herauszunehmen und zu „renaturalisieren". Ein merkwürdiges Verfahren, da sich herausstellte, was in

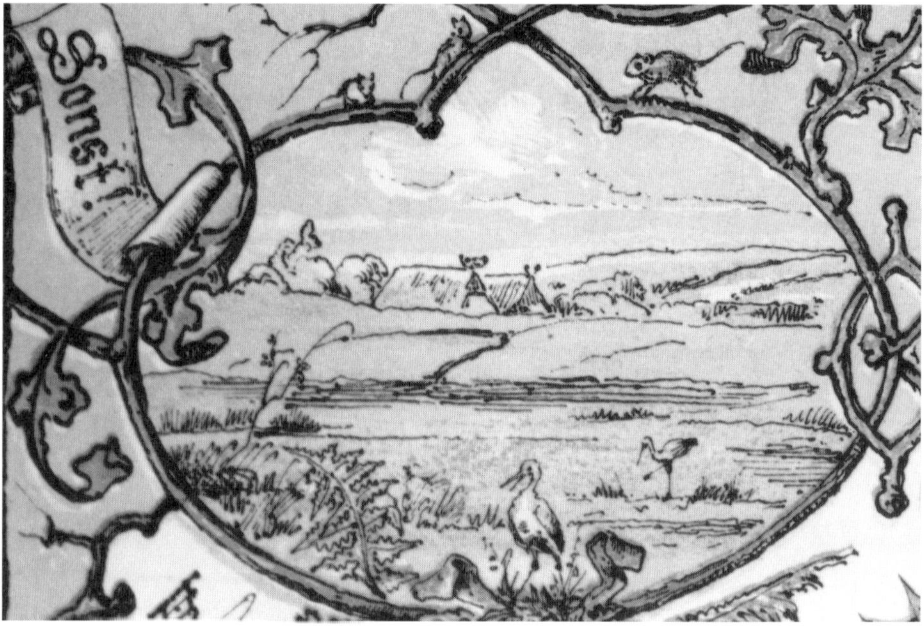
Sonst!

Jetzt.
E. Wolperding
et
H. Soltau.
inv.

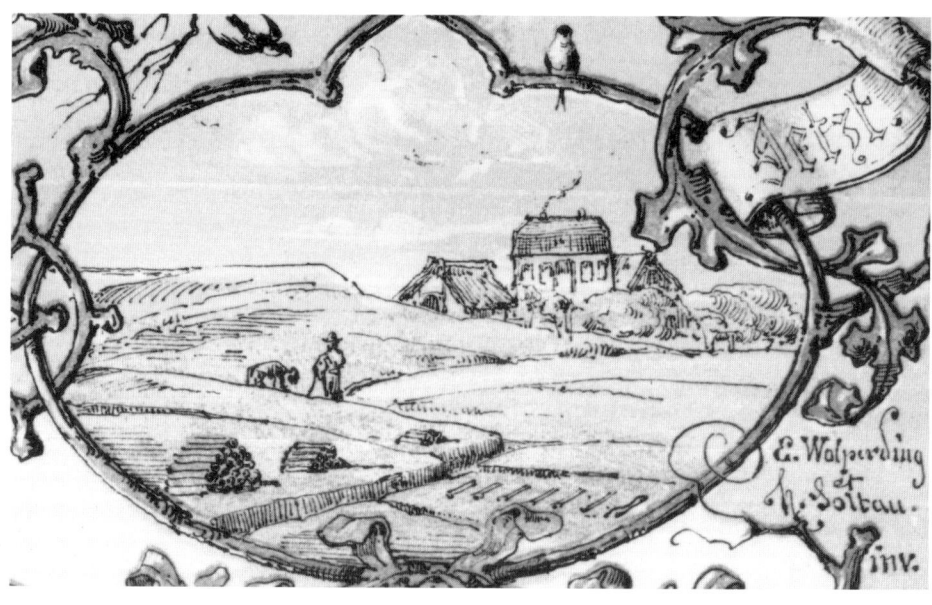

Naturschutzgebieten schon Alltag ist: Eine Renaturalisierung kann nur künstlich inszeniert und aufrechterhalten werden. Sie führt dennoch nicht zurück zur alten Naturlandschaft. Immerhin gibt sie vielen in Not geratenen Tieren und Pflanzen neue Lebensmöglichkeiten.

Maschinen übernehmen Facharbeit

Das Ende der Verkoppelung war die bessere Nutzung der Böden, die Steigerung der Erträge. Sie bot der individuellen Leistungsfähigkeit ganz neue Chancen, den Hof effektiver zu bewirtschaften und die Gewinne zu steigern: durch Mechanisierung der Arbeitsgänge und gezielte Düngung des Bodens. Dafür gab es seit der Mitte des 19. Jahrhunderts neue, noch nicht dagewesene Möglichkeiten.

Wohl gab es schon im 18. Jahrhundert eine Kornreinigungsmaschine (Staubmühle, Windfege) und in der ersten Hälfte des 19. Jahrhunderts neue Typen von Häckselschneidern, Buttermaschinen u. a. m. Ihnen allen war eines gemeinsam: Sie ersetzten notwendige Handbewegungen durch mechanisierte Drehbewegungen. Sie vereinfachten den Arbeitsgang, machten ihn vor allem aber dem mechanischen Antrieb durch Pferdegöpel oder Dampfmaschinen oder später Elektro- und anderen Motoren zugänglich. So war es auch mit Dresch- und Mähmaschinen. Von ihnen sind verschiedene Typen in der ersten Jahrhunderthälfte entwickelt worden. Brauchbare, einsatzfähige und auch finanzierbare Modelle kamen erst in der Mitte des 19. Jahrhunderts und dann in bald wachsender Zahl auf den Markt. Für eine Produktion

Das obere Bild auf der linken Seite zeigt den alten Zustand von „sonst": eine nasse, für die Landwirtschaft unbrauchbare Niederung, in der ein Storch auf Fang geht. Im Hintergrund stehen alte Reetdachhäuser. Das untere Bild zeigt den Zustand „jetzt", d. h. 1859: Das Land wird dräniert, Dränageröhrenstapel stehen im Vordergrund. Der Landwirt hat seinen Gewinn davon: Im Hintergrund steht zwischen den alten Häusern ein Neubau mit fröhlich qualmendem Schornstein. Die Bildchen stammen von der Randleiste einer „Anerkennung" (Diplom) von der Landes-Tierschau in Rendsburg im Jahre 1859. Besitzer: Heimatmuseum Hohenwestedt.

Schnitter und Binderinnen wurden wohl mit Einführung der Sense das klassische Gespann bei der Kornernte. Schrittweise und mit gebeugtem Rükken mußten sie sich über den Acker arbeiten wie ihre Vorgänger seit der Steinzeit. Aus Thomsen: Vom Hakenpflug zum Mähdrescher, Heide 1983.

Mähbalken und Mähmaschine revolutionierten die Erntearbeit. Das mit dem Namen McCormick verbundene Prinzip setzte sich gegen andere Konkurrenten durch und hat sich bis heute nicht grundlegend verändert. Die Abbildungen zeigen die Mähmaschine und konstruktive Einzelheiten aus dem Buch von Dr. Hamm, 1858.

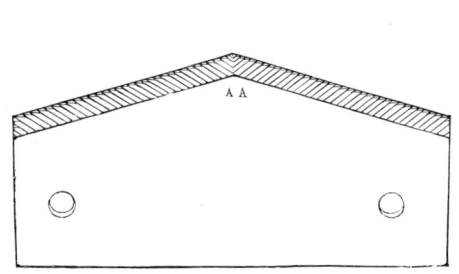

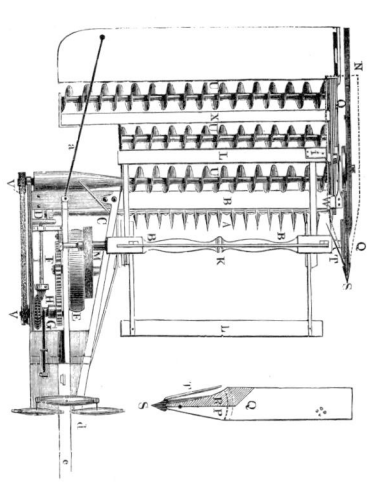

21

größerer Stückzahlen bedurfte es neuer Fertigungsverfahren, vor allem auch neuer Methoden der Eisenverhüttung und -verarbeitung auf Kohle-Basis. Mit einem Wort: Fabriken waren nötig.

Mit der neuartigen „Fabrikation" kamen ab Mitte des 19. Jahrhunderts unglaubliche Dinge in Fluß. Eindrucksvoll und beispielhaft läßt sich das beim Mähen und Dreschen des Korns erkennen.

Seit der Steinzeit ist das Korn zur Erntezeit geschnitten worden, mit Steinsicheln zuerst, dann mit Bronze- und schließlich mit Eisensicheln. Dabei ist nicht klar, wie weit die ganzen Halme oder nur die Ähren abgeschnitten worden sind. Jedenfalls wurden die Sicheln im Mittelalter zu Sensen vergrößert, anfangs vermutlich zu knielang geschäfteten Hausensen, ähnlich denen, wie sie unter dem Namen „Sich und Haken" in den Küstenländern bis in unser Jahrhundert für das Kornmähen benutzt worden sind. Im 9. und 10. Jahrhundert sollen Sensen für das Grasmähen in Gebrauch gewesen sein, während das Kornmähen, das ja härtere Klingen erfordert, mit ihnen vielleicht erst im späten Mittelalter, vor 500 oder 600 Jahren, allgemein üblich geworden ist. Trotz aller Veränderungen blieb es dabei, daß die Schnitter sich mit krummen Rücken schrittweise über den Acker arbeiten mußten. Freilich war es bei der mit beiden Händen geführten Sense unumgänglich, den ganzen Halm in Bodennähe abzuschneiden – sonst würde der Halm der Sense ausweichen. So dürfte es spätestens beim Mähen mit der Sense üblich geworden sein, daß ein oder zwei Binderinnen den Schnitter begleiteten, um die gemähten Halme zu Garben zusammenzubinden. Schnitter und Binderin bildeten jahrhundertelang eine Arbeitsgruppe – bis die Maschinen sie auflöste.

Im Jahre 1851 stellte der Amerikaner McCormick in London auf einer Ausstellung eine neue Mähmaschine vor. Er hatte sie zwar nicht selber entwickelt, übernahm aber die Vermarktung mit großem, andauerndem Erfolg. Noch heute wird sein Name im Zusammenhang mit Landmaschinen geführt. Seine Mähmaschine von 1851 besaß als Herzstück einen Mähbalken, dessen technisches Prinzip sich gegen alle konkurrierenden Modelle durchsetzte und im Grunde heute noch in jedem Mähdrescher weiterlebt. Er besteht aus einem dreieckig gezahnten Messer, das zwischen eisernen Fingern hin und her fährt und das Korn schneidet wie eine Schere.

Der Mähbalken war an ein Fahrgestell montiert, von wo aus er auch angetrieben wurde. Ein Mann kutschierte die Maschine mit Pferdezug über den Acker – im Sitzen. Das war etwas unerhört Neues: Mähen im Sitzen und mit einer Maschine, die keine partnerschaftliche Mannschaft mehr brauchte, sondern Hilfsleute: Frauen oder Schulkinder zum Binden der Garben. Dabei stiegen die Mähleistungen auf das Drei- bis Fünffache.

Spektakulärer noch waren die Veränderungen beim Dreschen mit der Steigerung der Dreschleistung, dort jedenfalls, wo Großdrescher zum Ein-

Meldorfer Wochenblatt vom 5. Dezember 1857

satz kamen. Die Dreschmaschinen revolutionierten den Dreschvorgang. Seit der Steinzeit ließen sich die Körner nur durch Herausschlagen aus den Ähren gewinnen, mit den Händen wurde das gemacht oder mit den Hufen der Rinder. Das scheint auch bei uns üblich gewesen zu sein, wenn die Bedeutung des Wortes „dreschen" glaubhafte Aussagekraft hat: „dreskan" heißt im Althochdeutschen „trampeln". Irgendwann aber in althochdeutscher Zeit, in den Jahrhunderten nach Christi Geburt vielleicht, hat sich die geniale Erfindung des Dreschflegels ausgebreitet. Er wurde mit der Kraft der eigenen Muskeln betrieben, war einfach herzustellen, billig aus eigenem Holz und Leder und dabei äußerst effektiv. Sein Name kommt aus dem Lateinischen: „flagellum" heißt Peitsche.

Dreschflegel finden sich heute in jeder Sammlung landwirtschaftlicher Geräte, weil manche bis in unser Jahrhundert benutzt worden sind, auch neben den Maschinen auf kleinen Höfen oder für kleine Kornmengen oder um das Stroh heil zu behalten für die Verarbeitung zu Strohdächern. Die Maschinen zerknickten nämlich die Halme, so daß sie zum Dachdecken unbrauchbar wurden.

Die Dreschmaschinen, die in der Mitte des 19. Jahrhunderts in zunehmender Zahl auf den Markt kamen, schlugen nicht mehr, sondern lösten die Körner durch Drehbewegung mit einer Trommel. Sie war beim Stiftendrescher mit Metallzacken besetzt, die ihre Gegenstücke im „Korb" besaßen, an dem die Trommel vorbeigedreht wurde: Die Zacken kämmten die Körner aus. Ein zweiter Typ, der Schlagleistendrescher, arbeitete nicht viel anders. Die fest auf der Trommel sitzenden „Schlagleisten" sind auch eher als flache Kämme zu verstehen.

Die Mähmaschine übernahm die Facharbeit, das Schneiden und auf unserer Radierung von Alexander Eckener mit einem „Selbstbinder" auch das Binden des Korns. Den Menschen blieb nur die Hilfsarbeit, etwa das Aufstellen der Hocken im Vordergrund.

Spätestens in den 1850er Jahren sind die Maschinen in Schleswig-Holstein weiter bekannt gewesen. Sie werden u. a. auf einer Anerkennungsurkunde von 1859 für eine Tierschau in Rendsburg propagiert. G.-F. Dittmann schrieb allerdings in der Ausgabe seines Buches über die schleswig-holsteinische Landwirtschaft, 3. Auflage vom Jahre 1858, sie fänden noch keinen Beifall. Das änderte sich aber vor seinen Augen. Knapp 25 Jahre später, 1882, wurde in Dithmarschen auf ungefähr jedem vierten Hof mit einer Maschine gedroschen. Noch einmal 25 Jahre später gehörte das Maschinendreschen zur Regel.

24

Der Mähdrescher hat die Erntearbeit erneut revolutioniert, zwei intensive Arbeitsgänge zusammengefaßt und den gesamten Hergang der Ernte verändert. Mähdrescher und Schlepper mit Anbaugeräten haben nach dem Zweiten Weltkrieg die Zahl der Beschäftigten in der Landwirtschaft schneller als je zuvor sinken lassen.

Viele ältere Landbewohner erinnern sich noch an den legendären „Döschdamper". Meistens ist damit die Kombination gemeint, die aus einer Lokomobile, einer Dampfmaschine also, und dem von ihr getriebenen Großdrescher bestand. Außer auf sehr großen Höfen oder Gutsbetrieben waren sie im Eigentum von Lohnunternehmen, die ihre Dreschsätze nach der Ernte von Hof zu Hof fahren ließen, um in wenigen Tagen zu erledigen, was bis dahin winterlange Handarbeit gewesen war.

Bis zu 27 Leute mußten allerdings verfügbar sein, um so einen großen Dreschsatz zu betreiben. Aber wer waren die Leute? Hilfsarbeiter, unge-

Mindestens tausend Jahre lang ist der Dreschflegel, ein einfaches effektives Gerät, zum Ausschlagen der Körner aus den Ähren bei uns allgemein verbreitet gewesen. Er erforderte winterlange Arbeit. Bild: Archiv Deutsches Brotmuseum.

Neben der Dampfmaschine hat sich der Pferdegöpel lange als Antriebsmaschine gehalten. Ein Ensemble, wie das (rechts unten) in dem Buch von Dr. Hamm aus dem Jahre 1858 abgebildete, ist auch im Landwirtschaftsmuseum Meldorf wieder aufgebaut worden.

Dreschen kommt vom althochdeutschen dreskan und bedeutet „trampeln".
Auch bei uns scheint also bekannt gewesen zu sein, was wir allenfalls noch
vom Hörensagen aus Entwicklungsländern kennen: das Dreschen mit Tieren
(oben). Das Bild stammt aus einem Lexikon des vorigen Jahrhunderts.

lernte Gelegenheitsarbeiter, häufig genug „Monarchen" der Landstraße, Aussteiger, die die saisonale Möglichkeit nutzten, in vorübergehender Schufterei ein gutes Stück Geld zu machen. Am „Döschdamper" waren nur einzelne, etwa drei Spezialisten gefragt und im übrigen Hilfsleute zum Heranschleppen, Einwerfen der Garben, zum Einsacken, Forttragen und Stapeln von Stroh, Korn sowie Kaff (Spreu). Auch Wasser und Kohle mußten für die Dampfmaschine herangetragen werden.

Die Maschinen brachten eine völlig neue Arbeitsteilung: Die Facharbeit leistete die Maschine. Sie bestimmte den Rhythmus der Arbeit. Die Menschen und ihre Kräfte waren zu Hilfsmaschinen geworden, zu lebenden Transportbändern, vor allem: beliebig auswechselbar.

Die Mechanisierung des Mähens und Dreschens, die hier als Beispiel stehen für besonders arbeitsintensive Tätigkeiten, hatte vielerlei Folgen. Sie verringerte die Nachfrage nach qualifizierten Landarbeitern – nach heutigem Verständnis könnte man von „Facharbeitern" sprechen –, die in partnerschaftlicher Gruppenarbeit die Ernte eingebracht und beim winterlangen Dreschen Dauerarbeitsplätze besessen hatten. Viele wanderten ab in die benachbarten ländlichen Mittelpunktgemeinden, die sich in großer Zahl aus Dörfern zu stärker gewerblich orientierten Flecken entwickelten. Oder sie wanderten in eine kleine oder groß werdende Stadt, um sich dort in einer Fabrik oder anderswo als Arbeiter, Kutscher, Zuträger zu verdingen. Manche wanderten aus nach Amerika.

Diese Bewegungen scheinen an den Einwohnerzahlen der Dörfer ablesbar zu sein. Bei verschiedenen Stichproben ist festgestellt worden, daß die Einwohnerzahlen vieler Dörfer, die agrarisch blieben und keine neuen Funktionen übernahmen, in den 1860er Jahren nicht mehr stiegen und des öfteren im nächsten Jahrzehnt leicht zurückzugehen begannen, obgleich die Einwohnerzahl Schleswig-Holsteins ebenso stieg wie die Menge der Erträge auf den Äckern.

Es finden sich in der Statistik der Einwohnerzahlen für Schleswig-Holstein vergleichbare Relationen etwa in einer Übersicht der Bevölkerungsverteilung auf die verschiedenen Ortsgrößen. Im Jahre 1871 wohnten 64,2 Prozent der Bevölkerung in Ortschaften unter 2000 Einwohnern und 13 Prozent in Orten über 20 000 Einwohnern. Im Jahre 1890 wohnten noch 54,4 Prozent, im Jahre 1910 nur noch 41,4 Prozent in Orten unter 2000, aber 31,7 Prozent in Orten über 20 000 Einwohnern.

Worauf ich mit den Zahlenangaben hinaus will: Die stagnierenden und zum Teil sinkenden Zahlen in den Dörfern bei steigender Gesamtbevölkerung und steigender Produktion sowie die Verschiebungen der Zahlen zugunsten der Zentren scheinen nur schwerlich ohne Annahme eines schon früh greifenden Mechanisierungseffektes erklärbar.

Ein Werbebild macht das neue Produkt schmackhaft. Die Firma besteht noch heute.

Die neuen Maschinen ließen einen neuen Stand von Lohn-Unternehmern aufkommen. Bei der Firma Voß in Meldorf liefen zeitweilig 15 Dreschgespanne. Hier sind neun der Lokomobilen zur Inspektion aufgefahren.

Abbildung rechts:
Dampfmaschine und Großdrescher waren die spektakulärsten Erscheinungen der ersten Phase der Industrialisierung auf dem Lande. Sie machten aus dem Dreschen einen fabrikartigen Vorgang, bei dem die Maschinen die Facharbeit leisteten und den Rhythmus der Arbeit bestimmten. Etwa 25 Menschen waren nötig für die Bedienung, vor allem aber für das Heranbringen und Wegschaffen des Getreides.

Die Sache mit den „Pferde-Stärken"

Industrialisierung, das sollte mit diesen Beispielen deutlich werden, ist keineswegs nur eine Sache der Fabrikschlote und Großstädte gewesen. Ohne sie hätte es keine Landmaschinen gegeben. Aber ohne diese wären schwerlich genug Leute verfügbar gewesen zum Aufbau der neuen industriellen Kultur. Stadt und Land waren unlösbar miteinander verknüpft in diesem großen Prozeß, den wir Industrialisierung nennen.

Und beide entfernten sich mit großen Schritten von der alten Kultur. Sie trugen zur Umwandlung der letzten naturnahen Gebiete in Kulturflächen bei. Vor allem aber gaben sie dem Verhältnis von ländlicher Kultur zur Natur eine neue Dimension: Arbeitsweisen, Arbeitsmittel, Antriebsenergien begannen abzurücken von „naturgegebenen" Maßstäben, die durch menschliche und tierische Kraft begrenzt waren. Sie bekamen künstliche, an Maschinen orientierte Normen. Das äußerte sich charakteristisch im Wandel des Begriffs der „Pferdestärken". Der Begriff war ersonnen, um deutlich zu machen, wie viele Pferde durch eine Dampfmaschine ersetzt werden konnten. Aber schon James Watt hat den Maßstab abstrahiert und in ein neuartiges, technisch-physikalisches Normen-System eingebracht.

Die Herrenschicht zu Pferde, das Volk zu Fuß, mit dieser Formel ließe sich die Sozialordnung wohl mehrerer Jahrtausende charakterisieren. Abgebildet sind Ritter und Bauer auf einem Holzschnitt von Erasmus Amman aus dem Jahre 1521.

Arbeitstier der Landwirtschaft wurde das Pferd wohl erst im Hoch- und Spätmittelalter. Eine Radierung von Alexander Eckener von 1927.

Ein „PS", wie es heute gilt, ist die Kraft, die gebraucht wird, um in einer Sekunde 75 kg einen Meter hochzuheben. Wie sollte ein Pferd das wohl machen? Auch frage ich mich immer, ob wohl ein Pkw-Motor von rund 100 PS 10 bis 15 alte Windmühlen antreiben oder so viel wie 100 Pferde ziehen könnte, auf dem Acker gar. Mögen die Techniker dagegen auch Argumente ins Feld führen. Für mich ist das Beispiel bezeichnend für das Auseinanderklaffen theoretisch gemessener und leibhaftig realisierter Kraft.

Dabei liefen PS in Maschinen und Pferdekraft in Tierform lange Zeit nebeneinander. Die Mechanisierung machte Pferde noch lange nicht überflüssig, weder in den Dörfern noch in der Stadt. Wo etwas fortbewegt werden sollte, mußten Pferde herbei. Kurioserweise wurden häufig sogar die ersten mobilen mechanischen Kraftmaschinen in den Dörfern, die „Döschdamper", mit Pferden von Hof zu Hof gezogen. Ohne Schiene und Wasser blieb die Dampfmaschine mit wenigen Ausnahmen eine stationäre Kraft.

So wird es verständlich, wenn die Zahl der Zugpferde mit den Fabriken, mit den Warenmengen, mit der Zahl der Maschinen, Geräte, Werkzeuge immer mehr wuchs, ebenso wie die Städte, die mit Hilfe der Pferde gebaut wurden. Alte Ansichtspostkarten aus der Zeit vor dem Ersten Weltkrieg zeigen das oft sehr eindrucksvoll. Auf großen breiten Straßen, auf weiträumigen Kreuzungen – etwa in Hamburg – fahren einzelne Pferdewagen. Vom Auto ist um 1900 noch keine Spur.

Pferde haben ihre Kraft in der Beweglichkeit, sie verleihen ihrem Reiter große Überlegenheit an Schnelligkeit, Reichweite, aber auch an Macht gegenüber dem Fußgänger. Entsprechend sind Pferde in vorgeschichtlicher Zeit vorwiegend als Tiere der Götter und als Reittiere der Führungsschicht benutzt worden. Zum Ziehen von Wagen und Gerät in der Landwirtschaft sind die Pferde wahrscheinlich erst seit dem Mittelalter immer mehr in Brauch gekommen, in Schleswig-Holstein vermutlich in Zusammenhang mit Eindeichung der Marschen und Entstehung des Städtewesens im 12. und 13. Jahrhundert. Die Pferde lösten als Zugtiere meistens die Rinder ab, die schon in vorgeschichtlicher Zeit arbeiten mußten, wie Felszeichnungen belegen. Rinder sind überall, wo die Landwirtschaft weniger Ertrag abwarf, auf kleinen Höfen, in armen Sand- oder Moorgegenden, auf schwierigem Gebirgsterrain bis in unser Jahrhundert hinein, in einigen Ausnahmen auch in Schleswig-Holstein, als billigere Zugtiere gebraucht worden. 1930 z. B. sind in Schleswig-Holstein 222 Zugrinder statistisch erfaßt worden. In Niederschlesien kam damals etwa ein Zugrind auf ein Pferd. Pferde ziehen mehr, vor allem schneller als Rinder. Sie dürften also zur Produktivitätssteigerung der Landwirtschaft beigetragen haben. Sie brauchten ihrerseits aber einen Mehrertrag, da sie Körnerfresser sind und größere Ansprüche ans Futter stellen. Für das Futter der Pferde wurden extra Anbauflächen benötigt. Anbauflächen für Rinderfutter wurden erst im 19. Jahrhundert üblich.

Die Zeichnung von Julius Fürst aus dem Jahre 1925 hält den Pferdemarkt vor der Holländerei, dem heutigen Landwirtschaftsmuseum, in Meldorf fest. Die Postkarte (unten) zeigt Pferdefuhrwerke in der Großstadt.

Hamburg. St. Pauli Fährhaus mit Hochbahn.

*Der etwas pathetische Holzstich vom Jahre 1936 dokumentiert eindringlich,
wie auch Hochindustrialisierung lange Zeit nicht auf die Pferdekraft verzich-
ten konnte.*

35

Das große Pferdesterben

Ihre letzte große Chance – wenn es eine solche genannt werden kann – erhielten Pferde im ersten Jahrhundert der Industrialisierung, gerechnet seit der Mitte des vorigen Jahrhunderts. Im Jahre 1845 sind im alten Schleswig-Holstein (mit Nordschleswig) 125 393 Pferde gezählt worden, im Jahre 1900 fast 185 000. Der Anstieg hielt weiter an, nur die Zahlen veränderten sich, weil Schleswig-Holstein 1920 kleiner wurde. Auf dem Gebiet des heutigen Schleswig-Holstein gab es im Jahre 1907 125 712 Pferde – im Jahre 1949 177 339. Das war der Höchststand. Ohne den Zweiten Weltkrieg hätte der Höchststand vermutlich zehn Jahre früher gelegen.

Als nicht zur Sache gehörig mag hier doch angemerkt werden, wie es mit den Pferden im Krieg stand. Nach weitverbreiteter Vorstellung war der Erste Weltkrieg noch vor allem mit Pferdekraft geführt worden, der Zweite vorwiegend motorisiert. Das ist falsch. Im Ersten Weltkrieg waren etwa 1,8 Millionen Pferde beim deutschen Militär eingesetzt, im Zweiten Weltkrieg waren es ungefähr 2,7 Millionen, von denen Millionen umkamen, so viele, etwa 1,8 Millionen, wie im Ersten Weltkrieg überhaupt nur beim Militär gedient hatten.

Nach dem Zweiten Weltkrieg, nach 1950, fielen die Pferde in atemberaubendem Tempo der zweiten Phase der Mechanisierung zum Opfer. Sie wurden ersetzt von selbstfahrenden Arbeitsmaschinen (Mähdrescher, Rübenroder) und neuen Schleppergenerationen, die nicht nur Zugkraft lieferten, sondern auch Antriebskraft für vielerlei Anbaugeräte. Im Jahre 1970 sind in Schleswig-Holstein nur noch rund 17 000 Pferde gezählt worden, d. h. neun von zehn Pferden waren innerhalb von 20 Jahren abgeschafft worden. Auch die übriggebliebenen haben nur ausnahmsweise in der Wirtschaft, in der Regel als Sport- und Freizeittiere überlebt. Ihre Zahl nahm mit wachsendem Wohlstand dann auch wieder zu.

Für die Landwirtschaft ging mit dem großen Pferdeschlachten ein Jahrtausende währendes Zeitalter zu Ende. Ob Rind oder später Pferd zur Arbeit eingespannt worden waren: Die Tiere lebten und vermehrten sich auf dem Hof, wurden miternährt ohne Zufuhr von außen, ohne Kapitalbedarf. Sie selber waren Kapital. Und sie waren eingebunden in den hofeigenen, lange Zeit allein von der Überflußproduktion des Bodens profitierenden Kreislauf der Nahrungsmittelerzeugung. Das war kein „natürlicher" Kreislauf, obgleich sich das Wort aufdrängt angesichts dessen, was den Pferden folgte: das Dieselzeitalter, das Zeitalter der Schlepper, Mähdrescher und anderer motorisierter Geräte. Sie sind Triumphe menschlichen Erfindungsgeistes, sie sind reine Kunstschöpfe, Inkarnationen einer vom Menschen geschaffenen Kultur. Sie haben die naturgegebenen Kräfte der Tiere verdrängt (auch die von Wind und Wasser), nach fast 5000jährigem Gebrauch unheimlich schnell

*Hinter dieser Mutter-Kind-Idylle standen harte Anforderungen an Leistungs-
fähigkeit und Verbesserung der Zucht auch für die Arbeitspferde. Eine
Anerkennungsurkunde des landwirtschaftlichen Vereins für das Kirchspiel
Albersdorf aus dem Jahre 1907.*

in zwei Jahrzehnten, und gleichzeitig eine Menge menschlicher Muskelkraft
überflüssig gemacht. Auch sie wurde von den neuen, motorisierten Maschinen und Geräten ersetzt.

Der „Schlepper", der vor 1950 vorwiegend Pferde verdrängte, wurde mit
hydraulischem Anbau- und Regelsystem zum Tausendsassa, der den Hof als
Einmannbetrieb möglich machte. Dadurch schrumpfte die Zahl der in der
Landwirtschaft Beschäftigten in den 20 Jahren des Pferdesterbens, von 1950
bis 1970, noch einmal auf ein Drittel zusammen. Der theoretische „PS"-Wert
triumphierte auf der ganzen Linie über Leibes-Kräfte. Eine rein motorisierte,
ohne menschliche und tierische Bewegungskraft funktionierende ländliche
Kultur setzte sich durch und machte Unglaubliches möglich.

Aber sie fordert auch ihren Preis: Der Maschineneinsatz kostet Geld. Der Kapitalbedarf ist zum treibenden Faktor geworden nicht nur für Anschaffungen und Unterhaltung, sondern auch für den Treibstoff der Maschinen. Alles muß herangeschafft werden. Allein die Mechanisierung machte die Höfe dreifach von hoffremden, nicht naturhaften Mitteln abhängig: vom erwirtschafteten Geldertrag, vom Maschinenpark, der aus Fabriken von weit her angeliefert werden muß, und von hoffremder Antriebsenergie, von Erdölprodukten. An ihnen hängt alles; alles ist abhängig von erschöpfbaren Reserven. Sie sind zwar „von Natur aus" vorhanden, aber brauchbar gemacht nur durch diffizile industrielle Verarbeitung.

Mit den Pferden verschwanden die Hufschmiede, die vom Mittelalter bis zum Zweiten Weltkrieg in jedem Dorf unentbehrlich waren.

„Kunstdünger" wurde oft mit der Hand gestreut wie Saatkorn, obgleich es seit dem vorigen Jahrhundert verschiedene Typen von Düngerstreumaschinen gibt.

Mist, neue Ernährungslehre und Kap-Hoorner

Auch die anderen Bereiche der Landwirtschaft sind von der Entwicklung erfaßt worden, die fortführt von einer die Naturkräfte unmittelbar einbeziehenden ländlichen Kultur. Ein weiteres Beispiel mag der Dünger sein.

Wiederholt ist gesagt worden, daß die Bewohner Schleswig-Holsteins jahrtausendelang auf die naturgegebene Fähigkeit des Bodens angewiesen waren, Überfluß zu produzieren und sich selber zu regenerieren. Sie behandelten den Boden also ähnlich wie die Haustiere, die hergeben mußten, was sie den Menschen an Nützlichem liefern konnten, Arbeit eingeschlossen, ohne daß für sie eigener Futteranbau betrieben wurde.

Wann das regelmäßige „Zufuttern" für den Boden begann, das Düngen also, scheint nicht ganz sicher. Offenbar gab es schon im Mittelalter Erfahrungen mit wachstumsfördernden Gaben, mit Mergel oder Dung etwa bzw. Mist (das ist mit Stroh vermischter, meist abgelagerter Kot der Rinder und Schweine). Aus der gezielten Anwendung ergab sich die Möglichkeit, das von der Natur geschenkte Ökosystem über die Misthaufen der Höfe, der

Mit dem „Kunstdünger", heute bevorzugt Mineraldünger genannt, und der neuen Ernährungslehre begann in der Mitte des vorigen Jahrhunderts die Verknüpfung der Landwirtschaft mit der Weltwirtschaft. Valparaiso in Chile wurde ein legendärer Verladehafen für Salpeter, das rund um Kap Hoorn nach Europa kam. Fotoarchiv Museum für Hamburgische Geschichte.

Dörfer und auch der Städte zu bereichern. Produktionssteigerungen blieben dennoch in bescheidenen Grenzen.

Einer der großen Reformer und Fürsprecher neuartiger Anbaumethoden, Albrecht Thaer (1752–1828), propagierte um 1800 das Düngen zur Ertragssteigerung und begründete es mit der Notwendigkeit, die dem Boden durch die Ernte verlorengegangenen organischen Stoffe zu ersetzen.

Der Rat von Albrecht Thaer war Gold wert – Düngung wurde eines der Zaubermittel für die Ertragssteigerung der modernen Landwirtschaft. Daran änderte nichts, daß die Begründung von Thaer falsch war. Nicht organische, sondern anorganische Stoffe sind maßgeblich für Wachstum und Gedeihen der Pflanzen, nicht Humus oder Mist, sondern Stickstoff, Phosphor, Kali und noch einiges mehr. Humus oder Mist werden erst verdaulich für die Pflanzen, wenn sie in diese mineralischen Bestandteile zerfallen sind.

Der Landhandel brachte die neuen Düngestoffe bis ins letzte Dorf und kaufte die steigenden Überschüsse an Korn auf. Ein Foto vom Hof einer Kornhandlung und Gastwirtschaft in Wesselburen.

Diese neue Ernährungslehre war das Ergebnis der Forschungsarbeit einer Generation von Chemikern, die an der Entstehung einer modernen Naturwissenschaft und ihrer Anwendung auf die Landwirtschaft beteiligt war. Ein Name ist dafür zum Symbol geworden: Justus von Liebig (1803–1873). Die Publikationen und Diskussionen um die Erkenntnisse der neuen Ernährungslehre bewegten um die Mitte des vorigen Jahrhunderts Gelehrte und Gebildete in Europa. In den 1850er Jahren galten die Grundsätze schließlich als akzeptiert.

Die neue Ernährungslehre beinhaltete Schlüsselerkenntnisse, die wesentlich dazu beitrugen, die Situation der Landwirtschaft grundlegend zu verändern – vergleichbar mit den „Schlüsselerfindungen" des Mähbalkens, der Dreschtrommel oder der Zentrifuge.

Die neuen wissenschaftlichen Erkenntnisse sicherten theoretisch ab, was Einzelerfahrungen schon früher erwiesen hatten, was aber erst jetzt Tragweite bekam: Es wurde ratsam, dem Boden „fremde", oft um den halben Erdball herangefahrene Nährstoffe zuzuführen: Guano (Vogelkot) etwa oder Salpeter, beides aus Südamerika. Ein frühes Beispiel für die Verbreitung in Schleswig-Holstein ist sicherlich das „Guano-Büchlein", das 1851, am 12. Juli, in den „Dithmarscher Blättern" angeboten wurde. Seit 1859 werden dort auch „echter peruanischer Guano", garantiert mit 12 bis 15 Prozent Stickstoff, und „bester Chili-Salpeter" angeboten.

Um diesen neuen Dünger zu holen, mußten die Schiffe das legendäre Kap Hoorn, die Südspitze Südamerikas, umsegeln – eigentlich eine unglaubliche Geschichte: Damit in irgendeinem Dorf Schleswig-Holsteins ein Bauer den Ertrag seines Ackers erhöhen konnte, wurde die Weltschiffahrt bemüht, wurde ein weitverzweigtes Handelssystem aufgebaut. Noch mehr: In den 1880er Jahren, als die ganzen Neuerungen „drive" bekamen, ließen Hamburger Reeder, u. a. Laeisz, eine neuartige Generation von Stahlseglern mit Stahlmasten bauen, die Schiffahrtsgeschichte machten. Sie hatten drei, vier und sogar fünf Masten und waren für die Stürme von Kap Hoorn gebaut. Keines der Laeisz-Schiffe ist vom Kap bezwungen worden. Einige Namen sind noch heute nicht vergessen: Potosi, Preußen, Passat, Pamir gehören dazu. Alle Namen begannen mit „P", zusammengefaßt wurden sie „P-Liners" genannt. Sie waren den damaligen Dampfern überlegen, da sie keinen Bunkerraum für Kohle brauchten (Dampfer schafften die Strecke damals nicht ohne Nachbunkern) und einigermaßen verläßliche Windrouten wählen konnten. Nicht nur Dünger, auch Korn und Futtermittel haben sie von der aufblühenden amerikanischen Agrarproduktion nach Europa gefahren.

Ein zweiter revolutionärer Faden ist zur Industrie geknüpft worden, zum Herzstück der modernen Eisenkultur sogar: zu der von Thomas verbesserten Bessemer-Birne. Sie diente der Stahlerzeugung und lieferte als Abfall dem Eisen entzogenes Phosphat. Als „Thomasmehl" wurde es seit 1877 zu einem legendären Dünger.

Auch Kalisalze sind früher als Abfall angesehen worden. Bis um 1860 galten sie als Abraum beim Abbau von Steinsalzen, die in unvorstellbaren Zeiträumen einmal in dicken Schichten beim Verdunsten ganzer urgeschichtlicher Meere in Nord- und Mitteldeutschland übriggeblieben waren.

Die Ernährungslehre gab den Kalisalzen einen neuen Stellenwert: Sie wurden zum begehrten Düngemittel, von dem es in Deutschland unübersehbare Vorräte zu geben schien. Im Jahre 1884 ist ein deutsches Kali-Syndikat begründet worden. Es erwarb sich mit 96 Prozent der Weltproduktion bis zum Ersten Weltkrieg eine Monopolstellung. Auch heute hat die Kaliproduktion der Bundesrepublik noch einen erheblichen Anteil an der Welterzeugung (1965: 30 Prozent, 1975: 10 Prozent).

Die Gründung des Syndikats war weniger Startschuß als Ausdruck einer Entwicklung, die in den Jahrzehnten danach den Düngestoff wie Treibsand

„Wie man Stahl in der Bessemer-Birne herstellt" heißt die Unterschrift zu dieser Schul-Lehrtafel von 1932 aus dem Dithmarscher Landesmuseum. Nicht mitgesagt ist, wie dabei Thomas-Mehl abfällt, das fast ein Jahrhundert lang ein klassischer Dünger für die Landwirtschaft war.

Die Einfärbung der Karten machte sichtbar, wie sich der Kaliverbrauch in Norddeutschland von 1890–1910 entwickelt hat. 1890 lag der Verbrauch im größeren Teil Holsteins und Schleswigs zwischen einem und 2,5 kg pro Hektar (senkrechte Schraffur), in Nordschleswig und an der Westküste niedriger.

Im Jahre 1910 lag der Verbrauch im mittleren und südlichen Holstein zwischen 15 und 20 kg pro Hektar, an der Westküste und zwischen Husum und Flensburg zwischen 10 und 15 kg pro Hektar. Südlich der Elbe gibt es schon Verbrauchsmengen von mehr als 30 kg pro Hektar (Quadratschraffur in Rot).

45

über alle Äcker wehte. Das Syndikat gab dazu im Jahre 1912 in „Arbeiten der Deutschen Landwirtschafts-Gesellschaft", Heft 216, Karten heraus über das Anwachsen des Verbrauchs von 1890 bis 1910. Markiert wurde der wachsende Verbrauch durch Eindunkeln der Flächen – ein eindrucksvolles Bild, wie Deutschland, wie der größte Teil Schleswig-Holsteins in 20 Jahren tief eingefärbt wurde. Das heißt, daß der Verbrauch von weniger als 2,5 kg auf über 10 kg pro Hektar anwuchs.

Die Produktion von Stickstoff schließlich, der auch in Salpeter gebunden ist, hat sich sozusagen vom Boden abgehoben. Nach dem die Erfindernamen festhaltenden „Haber-Bosch-Verfahren" (1913) ließ es sich aus dem Stickstoff der Luft und dem Wasserstoff synthetisieren – auch heute noch die überwiegende Gewinnungsart in speziellen Werken.

Diese neuen Wachstumsenergien, die Technik und Chemie erschlossen, ließen neue, weltweite Beziehungen entstehen, mobilisierten den Bau neu dimensionierter Verkehrsmittel, riefen bisher unbekannte Fabrikationsstätten ins Leben, initiierten eine bis ins letzte Dorf von Schleswig-Holstein verästelte Verteilerorganisation, sorgten über die Abnahmen der Ernten für die Ausbreitung eines neuen Kreditsystems: Denn auch der neue Dünger mußte, wie die Maschinen und viele andere Neuerungen, bezahlt werden. Mag er aus Abfällen der Industrie stammen, er bekam einen Geldwert zum Unterschied zur traditionellen hofeigenen Wachstumsenergie: dem Mist, der auch Abfall ist.

Ackerbau und Weltwirtschaft

Im Unterschied zum Mist wurden die neuen Düngestoffe damals gern „Kunst"-Dünger genannt. Das Wort ist heute in der Landwirtschaft nicht mehr beliebt und durch Mineral- oder Handelsdünger ersetzt worden. Sie stammen, so wird gesagt, letzten Endes aus irgendwelchen von der Natur gelieferten Vorräten der Erde. Nützlich wurden sie freilich erst durch eine abstrakte wissenschaftliche Erkenntnis und brauchbar nach industriellem Abbau, entsprechender Verarbeitung oder sogar durch komplizierte, industrielle Herstellungsverfahren. Mit einem Wort: Das Streuen neuzeitlichen Mineral- oder Handelsdüngers wurde erst möglich durch das Ineinandergreifen ausgeklügelter wissenschaftlicher, technischer und organisatorischer Neuerungen sowie durch ein neues, geldorientiertes Denken in der Landwirtschaft. Es kam nicht mehr allein darauf an, möglichst viele Nahrungsmittel zu produzieren. Die Vermarktung gewann an Bedeutung, die Umsetzung drängte sich mit zunehmender Modernisierung immer mehr in den Vordergrund der Kalkulationen. Das drückte sich auch in den Zielen staatlicher Agrarpolitik aus. Die Ernährungssicherung der Bewohner durch die Land-

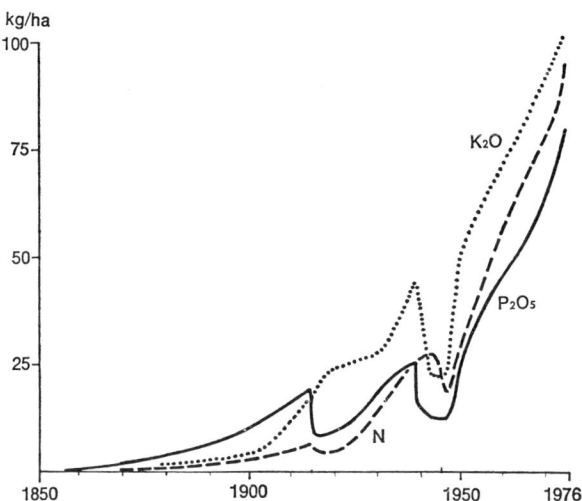

kg/ha

Die Kurven für den Verbrauch an Stickstoff-, Phosphor- und Kalidünger begannen in den 1850er Jahren. Sie stiegen immer schneller an. Die beiden tiefen Einschnitte markieren die Weltkriege. Aus: F. W. Henning, Band 2, 1978.

wirtschaft war bis in unser Jahrhundert ihr Hauptziel. Es ist heute im Übermaß erreicht, so daß Agrarpolitik insbesondere die Sorge um Einkommenssicherung für die Landwirte geworden ist.

Die Düngerkurven fassen den Weg der Landwirtschaft von der hofeigenen Versorgung in die Abhängigkeit von Weltverkehr und Industrie zusammen. Sie setzen in den 1850er Jahren an und werden um die Jahrhundertwende steiler. Die Weltkriege bringen tiefe Einbrüche. Die deutsche Landwirtschaft wurde in den Kriegen von den weltwirtschaftlichen Verbindungen abgeschnitten und die industrielle Produktion zugunsten der Kriegswirtschaft beeinflußt. Stickstoff z. B. wurde vordringlich für Munition gebraucht. Das Töten von Menschen wurde wichtiger als die Ernährung.

Die Verringerung von Dünger- und Futtermittelzufuhr wirkte sich auf Ernten und Mastergebnisse aus: Lebensmittel mußten rationiert, der Fleischverbrauch tiefgreifend vermindert werden. Die Kurven zeigen es. Und die Kurven zeigen auch, wie die Zufuhr an Handelsdünger nach dem Zweiten Weltkrieg neue Höhen erreichte, nachdem die Steigerungssätze zweimal durch die Weltkriege aufgehalten worden sind.

Auch die Böden der Äcker, Weiden und Wiesen veränderten ihren Charakter. Sie wurden zur „landwirtschaftlichen Nutzfläche". Die Fähigkeit der

47

Das Superphosphat,
seine
Bedeutung und seine Erfolge in der
Landwirtschaft

Plastik-Werbebild ohne Kommentar.

Böden, von sich aus mit Hilfe von Mikro- und Makroorganismen Überfluß zu produzieren, wurde überlagert durch die Zulieferung immer größer werdender Mengen an Wachstumsenergie. Sie brachten gewaltige Erträge. Sie etablierten aber auch einen neuen Bodenhaushalt, ein neues Funktionssystem. Sie verwandelten Äcker, Weiden und Wiesen in Wirkungsfelder für die aus der halben Welt und zum Teil aus Jahrmillionen alten Ressourcen der Erde zusammengeholten Nährstoffe.

„Chemische Sense" und die Heydemannschen Käfer

Nach dem Zweiten Weltkrieg griff neben den Wachstumsenergien die in großem Stil beginnende Anwendung chemischer Wachstumsregler, chemi-

Dieser Buchtitel (auf der linken Seite) aus der Mitte der 1920er Jahre ist charakteristisch für das Bild von der Landwirtschaft. Oben sieht es aus, als sei sie ein Reservatgebiet der Industrialisierung. Unten stellt sich die meist unsichtbare Verbindung mit der Industrie dar.

Hacken, Jäten: Unkrautbekämpfung war früher ein mühsames Geschäft, das die Haltung der Menschen prägte. Gertrud von Hassel hat das mit ihrer Skizze aus Wolmersdorf von 1943 charakteristisch eingefangen.

scher Unkraut- und Schädlingsbekämpfung schwerwiegend in den Bodenhaushalt ein. Seit Urzeiten waren die Landwirte auf mechanische Bekämpfung angewiesen. Beim Pflügen wurden die unerwünschten Kräuter gestört, ebenso beim Eggen. Das änderte sich nicht grundsätzlich dadurch, daß Pflüge und Eggen in der zweiten Hälfte des vorigen Jahrhunderts zunehmend aus den Fabriken kamen. Die modernen industriellen Herstellungsmethoden aber erleichterten eine Differenzierung der Ackergeräte, so daß sich die Bearbeitungsmethoden verfeinern und wirksamer gestalten ließen. Im ganzen blieb es aber bei den herkömmlichen mechanischen Störungen der unerwünschten Kräuter. Speziell konnte man allenfalls mit einem Distelstecher eingreifen oder mit Hacken, die besonders bei den „Hackfrüchten" Kohl, Rüben, Kartoffeln eingesetzt wurden und im Garten.

Pflanzenschutz heißt heute die Ausmerzung von konkurrierenden Pflanzen und Tieren. Er wird häufig von Lohnunternehmen betrieben, die mit so einem Gerät 40 ha am Tag besprühen können.

Generell galt es, die Konkurrenzpflanzen so zurückzuhalten, daß die Kulturpflanzen einen Vorsprung bekamen, um die Oberhand zu behalten. Das taten sie buchstäblich. Das Korn wenigstens war in der Regel das längste Gras, wenn es ausgewachsen war. Die Konkurrenzkräuter blieben niedriger, mußten dann aber bei der Ernte als Verunreinigung des Korns in Kauf genommen werden. Viele ältere Dorfbewohner wissen noch ein Lied davon zu singen, wie die Disteln Arme zerkratzten, wenn das Getreide nach dem Schnitt zu Garben gebunden werden mußte.

Das alles gibt es nicht mehr. Niemand bindet mehr mit der Hand. Selbst wenn er es täte: Es gibt keine Disteln auf den Feldern. Das ideale Bild bieten Monokulturen, in denen die Kulturpflanzen keine Konkurrenten in ihren

Reihen stehen haben. Dieser Idealzustand ist heute durch die „chemische Sense" fast zur Regel geworden.

Die Chemie tut aber noch ein weiteres. Sie preist Wachstumsförderer und Wachstumshemmer an, die Mißernten ausgeschaltet und selbst die Unterschiede zwischen besseren und schlechteren Jahren verringert haben. Oft waren vor der Ernte in den letzten Jahren bängliche Prognosen über den zu erwartenden Ertrag zu hören. Selten trafen sie ein. Am Ende waren die Ernten doch immer wieder befriedigend oder sogar gut und besser.

Die Handhabung der chemischen Mittel ist zu einer komplizierten Angelegenheit geworden. Die Industrie bietet dafür Tabellen und andere Einsatzhilfen, da sich nicht alles miteinander verträgt. Und bezahlt werden muß auch das natürlich. Bezahlt werden muß es einerseits mit Bargeld seitens der Bauern. Auf der anderen Seite erhalten wir auch eine ökologische Rechnung. Die Mittel verändern die Pflanzen- und Tiergesellschaft auf den Äckern und Weiden. Davon ist im letzten Jahrzehnt immer wieder die Rede gewesen.

Als ein sprechendes Beispiel seien die „Heydemannschen" Käfer erwähnt. Im Jahre 1951 untersuchte Berndt Heydemann die Käferbestände auf Äckern und Wiesen mit verschiedenen Böden. Die Untersuchung ist 30 Jahre später mit den gleichen Methoden wiederholt worden. Es ergaben sich Verluste und Mengenverschiebungen einschneidender Größenordnungen, vereinzelt auch Ausrottungen. – Wichtig? Die Käfer sind als Ausdruck von Lebensgemeinschaften zu verstehen. Mit den Käfern haben sich also die Lebensgemeinschaften verändert, d. h., sie sind entsprechend verarmt.

Dabei taucht die Frage auf, wann wohl die Landwirte den Mist, den sie im Herbst auf die Felder bringen, im Frühjahr unverrottet wieder hochpflügen werden, weil es an Kleinlebewesen fehlt, ihn zu Nährstoff zu verarbeiten.

In diesem Zusammenhang ist auch folgende Frage an Kraftfahrer erhellend: Ist es nicht angenehm, wie lange es heutzutage dauert, ehe Insekten im Sommer die Windschutzscheibe des Autos blind gemacht haben? Das war in den 1960er Jahren noch ganz anders. – Aber was alles mußte für diese von niemandem gewollte Annehmlichkeit zugrunde gehen!

Was niemand bezweifeln kann: Die vergleichsweise riesigen Ernten sind heute nur durch Zufuhr von Wachstumsenergie und Anwendung chemischer Mittel zu erreichen. Sie stellen eine Art künstlichen Gleichgewichts her. Aber ihr Ausbleiben und eine „Renaturalisierung" von Flächen führt keineswegs einfach zurück zum alten Zustand. Ohne begleitende Pflegemaßnahmen ist keine sinnvolle „Renaturalisierung" möglich. Und wer heute in der Landwirtschaft auf „alternativ" umstellen will, was ja mancherorts mit Einsatz eines hochqualifizierten wissenschaftlichen Kenntnisstands geschieht, muß viele Jahre Geduld haben, bis der Boden sich auf eine andere, stärker an natürlichen Wachstumsbedingungen orientierte Bewirtschaftung umgestellt hat. Und wie viele tun das? Weniger als 50 in Schleswig-Holstein (1985).

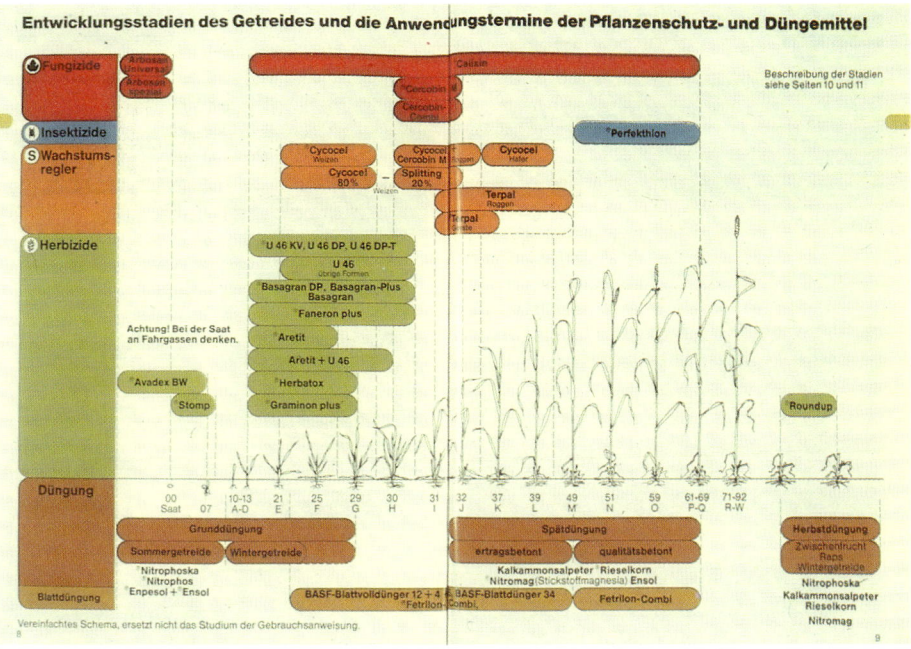

Die Industrie bietet heute Wachstumsregler an, die eine Pflanze vom Korn bis zur Ähre begleiten, versprüht durch die Luft oder als Beigabe in den Boden.

Viehfutter und Weltwirtschaft

Sollte dieses Kapitel eine zeitgemäße Überschrift erhalten, müßte es „Tierproduktion" heißen. Von ihr jedenfalls spricht die moderne Fachliteratur. Sie verdeutlicht damit, gewollt oder ungewollt, wie auch in der Landwirtschaft industriell gedacht – und gehandelt – wird.

Das Wort „Tierproduktion" enthält die Bilanz der Entwicklung in den letzten 130 Jahren. In ihnen gewann eine schrumpfende Zahl von Landwirten die Möglichkeit, eine wachsende Zahl von Städtern zu ernähren. Auf einen Landwirt kommen heute in Schleswig-Holstein 16 Nichtlandwirte. Die alte Haustierhaltung verwandelte sich währenddessen in Fleisch- und Milchproduktion, die gezielt auf die Konsumentenmassen der Städter eingestellt ist.

Vor 130 Jahren las sich das anders: Reber schreibt in seinem „Handbuch der praktischen Landwirtschaft . . ." (1857), das Hornvieh könne „alle beim Ackerbau vorfallenden Arbeiten leisten", außerdem gäben die Kühe Kälber, Milch und Dünger und seien „leicht und ohne Kosten zu ernähren".

Das klingt in unseren Ohren selbstgenügsam, ist geschrieben in einer Zeit, in der jeder Erwerbstätige in der Landwirtschaft nur einen Nichtlandwirt zu ernähren hatte, d. h. in der in Schleswig-Holstein rund 50 Prozent der Erwerbstätigen in der Land- und Forstwirtschaft arbeiteten.

Der Passus von Reber ist sicherlich steinzeitlichen Einstellungen näher als den unseren. Er erinnert an die vielseitige Nützlichkeit der Rinder, vor allem aber an ihre Wirtschaftlichkeit. Sie brauchten ihre Weide, machten aber sonst keine Kosten. Spezieller Futteranbau für Rinder und anderes Vieh war damals die Ausnahme. Er begann in Schleswig-Holstein um 1800 damit, daß die Brache mit Gras und Klee angesät wurde, ein Verfahren, das Albrecht Thaer eindringlich empfahl. Nicht überall ist es deswegen gleich befolgt worden. Ein Augenzeuge von der Westküste behauptet im Jahre 1870, in Ostholstein sei es damals noch nicht allgemein üblich gewesen.

Früher war es oft schwierig gewesen, das Vieh über den Winter zu bekommen. Wenn die Aufdeckung einzelner Hausgrundrisse durch Vorgeschichtler verallgemeinert werden darf, können wir annehmen, daß die Landwirte ihre Haustiere seit der Bronzezeit über Winter mit unter ihr Wohnhaus-Dach nahmen, in ein langgestrecktes dreischiffiges Haus, im Grundriß den späteren, uns vertrauten norddeutschen Fachhallenhäusern nicht unähnlich. In der Bronzezeit also mag die Wohngemeinschaft von Menschen und Tieren begonnen haben, die bis in die Mitte des 19. Jahrhunderts Regel blieb.

Mögen die Tiere also im Winter vor den Unbilden der Witterung geschützt worden sein, das Futter wurde oft knapp. Nicht immer reichte das Heu, das in den Niederungen für die Tiere gemäht wurde. Auch Stroh wurde verfüttert, das von Getreide oder von Bohnen, die eine große Rolle spielten, solange Kartoffeln unbekannt waren. Allerhand „Wurzelwerk", auch Laub und andere organische Restbestände des Sommers mußten herhalten, um das Vieh über die kalte Jahreszeit zu bringen. Alte Leute können erzählen, daß in schlechten Jahren die Rinder im Frühjahr so geschwächt waren, daß sie beim Weideauftrieb nicht mehr auf eigenen Beinen laufen konnten. Auf Ackerschleppen sind sie vom Stall auf die Weiden gebracht worden; auf die Weiden, das bedeutete bis zur „Verkoppelung" am Ende des 18. Jahrhunderts in großen Teilen Schleswig-Holsteins auf die „Meente" oder „Allmende", die aus Heide, Weide, Wiese, Wald bzw. Gehölz oder Moorrändern bestand.

Auf der großen allgemeinen Weide mußte das Vieh gehütet werden, vermutlich seit der steinzeitlichen Agrarrevolution bis gegen 1800 und hier und dort auch noch länger. Hirten und Hirtenjungen, Schäfer, Schäferinnen führten ein einsames, abgesondertes Dasein, galten oft als besonders erfahren in der Heilkunde, wurden gelegentlich zu Sinnbildern in Märchen, Erzählungen, künstlerischen und religiösen Darstellungen, nicht immer frei von Romantik oder gesellschaftlicher Nostalgie wie in den „Schäferspielen" als adeligem Zeitvertreib im 18. Jahrhundert.

In der Realität setzte sich durch die „Verkoppelung" die individuelle Weide durch, durch Gräben oder Einfriedigungen (Knicks) abgegrenzt, so daß das Hüten sich erübrigte. Die eingefriedigte Wiese und Weide wurde die Basis für eine Intensivierung der Viehhaltung, da es nun an jedem Landwirt lag, seinen Teil optimal zu nutzen und zu verbessern. Die Aufteilung und Kultivierung von Niederungen, d. h. die Umwandlung von Mooren in Weiden, vergrößerte außerdem die nutzbare Fläche.

Düngerkauf kam auch den Wiesen und Weiden zugute, vor allem aber dem Vieh. Flächenvergrößerung und Dünger ließen die Erträge steigern, es wurde möglich, Ackerflächen freizugeben für den Anbau von Viehfutter. Das war auch vorher nicht gänzlich unbekannt, am wenigsten in der Marsch. 1837 etwa fütterte der Bauer Schoof in Wellinghusen, in der Marsch vor Heide, sein Vieh mit Kartoffeln, eigenen und zugekauften, „welche sich auch zum Mästen . . . gut bewährten". Auch ein Gemengsel von Bohnen, Erbsen und Wicken lobte er als Viehfutter.

Doch die Selbstverständlichkeit, überall Anbauflächen mit Viehfutter zu bestellen, stellte sich erst in der zweiten Hälfte des 19. Jahrhunderts ein. Im Jahre 1845 sind im Handbuch von Schröder-Biernatzky für Holstein keine Anbauflächen für Hackfrucht bzw. Futterrüben angegeben. Runkelrüben, die in der ersten Hälfte des 20. Jahrhunderts zum unentbehrlichen Wintervorrat fürs Rindvieh gehörten, werden erst in den amtlichen Statistiken von 1878 faßbar, mit weniger als 2000 Hektar auf dem Gebiet des heutigen Schleswig-Holsteins (2507 Hektar im Gebiet des alten Schleswig-Holsteins mit Nordschleswig). Im Jahre 1900 waren es 5835 Hektar, 1913: 11 100, 1939: 26 025 Hektar, 1950: 33 410. Seitdem ging der Futterrübenanbau unter anderem durch Zufuhr hoffremden Futters wieder zurück (1979: 15 826 Hektar).

In den 1870er und 1880er Jahren begann sich der Futtermittelimport aus den USA bemerkbar zu machen, wo der großflächige, früh mechanisierte und mit Handelsdünger angeheizte Massenanbau von Agrarprodukten große Überschüsse für den Export abzuwerfen begann. Außer Korn wurden auch Abfallprodukte interessant, Ölkuchen etwa, Rückstände vom Auspressen pflanzlicher Öle. Die Öle wurden unter anderem für Margarine verwandt, deren Siegeslauf um die Jahrhundertwende begann. Sie ist 1869 in Paris erfunden worden und wurde der billige Butterersatz der kleinen Leute in den großen Städten. Die Produktionsrückstände eigneten sich gut zu Viehfutter. Sie wurden zu Ölkuchen gepreßt und verkauft. Um sie auf den Höfen zerkleinern zu können, sind spezielle Maschinen entwickelt worden ähnlich den Rübenschneidern – meistens mit Handkurbeln zu drehen.

Auch in der Viehhaltung wurde der alte hofeigene Kreislauf mit den naturgegebenen Konditionen von Bodenertrag und Ernährung von Mensch und Tier aufgebrochen. Die Vergrößerung der Anbauflächen lag noch im alten System. Die steigende Zufuhr aber von Handelsdünger und von Futtermitteln schuf neue Bedingungen, stellte auch die Viehhaltung – wie den Ackerbau – in weltweite Zusammenhänge, die es vorher so nicht gegeben hatte. Ihre Bedeutung wird mit den tiefen Weltkriegseinschnitten in der Kurve für den Fleischverbrauch angezeigt.

Das alles hing wiederum eng mit neuen Technologien, Verkehrsmitteln, neuen Konsumentenschichten in den wachsenden Städten, neuen Vertriebs- und Vermarktungsformen zusammen.

Das Fell selber zu Markte tragen

Viehhandel ist ein altes Gewerbe. Viehhandel wurde lebenswichtig für die Städte, die seit dem Spätmittelalter in großer Zahl gebaut worden sind und Bevölkerungsgruppen Gelegenheit zu Handwerk und Gewerbe boten, weitgehend losgelöst von eigener landwirtschaftlicher Produktion.

Viehhandel gab dem großen Nord-Süd-Landweg auf dem Mittelrücken von Schleswig-Holstein seinen Namen „Ochsenweg". An den Schnittpunkten bildeten sich bedeutende Märkte, in Bad Bramstedt etwa im Schnittpunkt der Landwege von Norden nach Süden und von der Westküste nach Osten (Lübeck), und in Wedel, wo der Marschengürtel von Elbe und Nordsee zu Ende ist und festes Ufer den ersten sicheren Übergang über die Elbe begünstigte. Beide Orte rühmen sich noch heute ihrer Zehntausende von Rindern, die unter den in beiden Orten erhaltenen „Rolanden", steinernen Markt-Rechts-Symbolen, jährlich feilgeboten worden sind. In Blüte standen die Ochsenmärkte vom 16. bis 18. Jahrhundert.

Die Ochsen kamen aus Jütland oder Schleswig-Holstein, hatten sich den Sommer über auf den Fettweiden der Marschen Schlachtreife angefressen und mußten auf eigenen Beinen ihr Fell zu Markte tragen. Es war ein schwieriges Geschäft für das Begleitpersonal, die Herden auf den langen Wegen zu treiben und zu ernähren, ohne schwere Einbußen durch Gewichtsverluste, Krankheiten, Verletzungen oder Gewaltakte zu erleiden.

Die Tiere waren freilich nicht nur des Fleisches wegen gefragt. Von einem Rind ließ sich alles verwerten: Das Fell wurde zu Leder verarbeitet – und was ist nicht alles aus Rindleder gemacht worden: Stiefel, Gürtel, Jacken, Pferdegeschirre, Helme, Schilde und vieles andere. Aus den Knochen der Rinder

Das Fell selber zu Markte tragen . . . die Radierung von Alexander Eckener aus der Zeit zwischen den Weltkriegen gibt uns einen Begriff vom Viehtreiben früherer Zeiten. Oft ging es über Hunderte von Kilometern.

entstanden Leim, Schlittschuhe, Kämme und anderes, aus den Hörnern Trinkgefäße oder Griffe, aus den Schwanzquasten Pinsel, aus feinen Häuten Pergament, aus Talg Kerzen, aus Därmen Würste – das Lied von „Herrn Pastor sien Koh", von der das ganze Dorf gut hatte, ist bei allem Übermut charakteristisch für die universelle Verwertbarkeit des ausgeschlachteten Rindes. Ohne Rind hätte es keine abendländische Kultur gegeben.

Die Viehmärkte sind kaum noch in allgemeiner Erinnerung. Schon im vorigen Jahrhundert hatten Bad Bramstedt und Wedel ihre landesweite Bedeutung verloren. Die Eisenbahn und die Dampfschiffe boten im 19. Jahrhundert revolutionäre Transportmöglichkeiten. Das Vieh brauchte nicht mehr selber zu laufen und war in wenigen Stunden am Ziel, am großstädtischen Markt oder Schlachthaus, bei den neuen Großabnehmern.

Für die Bedeutung von Eisenbahn und Dampfschiffen gibt es an Schleswig-Holsteins Westküste markante Beispiele. „Ende August 1846 erschien in

Der Viehmarkt war immer ein Ereignis, nicht nur auf den berühmten Märkten. Das Foto ist zwischen den Kriegen in Tellingstedt auf der Dithmarscher Geest aufgenommen worden.

Tönning der erste englische Viehdampfer ‚Loch Ryan', der eine Ladung von 100 Ochsen einnahm, um sie im Hafen von Blackwall bei London anzulanden", heißt es in der Festschrift für „die Schleswig-Holsteinische Bank . . ." aus dem Jahre 1926. Das war der Anfang, nachdem im Jahr vorher der Einfuhrzoll auf die Tiere aufgehoben worden war. Im nächsten Jahr sind 2686 Ochsen exportiert worden, 10 Jahre später 14 404 und 1866 schon 33 905. Diese Zahl wurde nur noch selten übertroffen, so 1876 mit 49 440. Das ganze Geschäft kam allerdings 1888 wegen einer Maul- und Klauenseuche zum Erliegen und ist nicht wieder aufgenommen worden, da durch eine Schwenkung in der Zollpolitik England 1889 die Einfuhr drosselte. Dahinter steckte außerdem eine Umorientierung des englischen Marktes, die auch in Deutschland und Schleswig-Holstein spürbar wurde. 1862 importierte England noch 100 Prozent seines zusätzlichen Fleischbedarfs aus Europa, 1881 nur noch die Hälfte aus Europa und die andere Hälfte aus Amerika.

In Schleswig-Holstein reagierte man sofort. Die Eisenbahn machte es möglich. Mit Extrazügen ging das Vieh jetzt von dem gewaltig aufblühenden Husumer Viehmarkt an den Rhein, zum erstenmal 1879 mit 10 959 Stück Rindvieh. Im Jahre 1890 waren es 30 000 und 1900 bereits 50 000.

58

Rotbunt, Schwarzbunt oder Angeler Rinder?

Dampfschiffe und Eisenbahnen brachten der Viehvermarktung neue Dimensionen und schufen zusammen mit neuen Fütterungsmöglichkeiten selbst in bisher abgelegenen Dörfern große Anreize zu Leistungssteigerungen bei der Mast. Das war von den Schrittmachern schon früher propagiert worden. Im Jahre 1847 ist in Altona eine „Festgabe für die Mitglieder der 11. Versammlung Deutscher Land- und Forstwirthe" erschienen, ein Buch, dem eine Reihe schöner Lithographien mit Rinderporträts beigegeben ist. Sie richteten die Aufmerksamkeit auf damalige „Landrassen" in Schleswig-Holstein, auf das Breitenburger Rind aus dem Kreis Steinburg, das Dithmarscher Rind, das Eiderstedter, das aus Tondern, das Haderslebener, das Angeler.

Aus den Beschreibungen ist zu entnehmen, daß es überall Varianten gab, daß also im Grunde Idealtypen abgebildet worden sind. Schön anzusehen, neu für Stil und Bewußtsein der Landwirte. Das Vieh begann, Aufmerksamkeit auf sich zu ziehen und zur Leistungssteigerung anzureizen – die im Jahr zuvor begonnenen Transporte von Tönning nach England hätten als handfester Beweis dienen können. Aber sie sind nur ein Beispiel der großen Bewegung, die sich auch in der Gründung erster landwirtschaftlicher Vereine in den Landschaften Schleswig-Holsteins bemerkbar machte.

Zu einer die Dörfer wirklich erfassenden Bewegung scheint es erst mit der Gründung eigener Züchterverbände gekommen zu sein. Der erste entstand 1875 in Angeln, der nächste 1876 in der Wilstermarsch, weitere 1878 in Breitenburg-Kellinghusen, 1879 in Hohenwestedt-Mittelholstein, 1883/84 in der Süderdithmarscher Marsch, 1884 in Norderdithmarschen, 1885 auf der Geest im südlichen Dithmarschen, 1886 im Kirchspiel Tellingstedt und in den Dörfern der Broklandsau im nördlichen Dithmarschen. Ich habe sie aufgezählt, um zu zeigen, wie lokal bzw. regional die Bewegung startete. Erst 1885 bildeten die Einzelgruppen einen Verband der schleswig-holsteinischen Viehzuchtvereine, der gemeinsame Zuchtziele ins Auge faßte. Eine auf wenige Leitbilder begrenzte Ausrichtung der Zucht wurde erst durch die Neuorganisation des Verbandes 1898 verwirklicht. Dabei sind zum erstenmal die noch heute gültigen Hauptrassen herausgestellt worden, unter die alle „Landrassen" schließlich subsumiert worden sind: das „rotbunte" und „schwarzbunte" Holsteiner Rind sowie das „Angeler", das damals zum „roten schleswigschen Milchvieh" gehörte. Die Schwarzbunten herrschen heute mit 62 Prozent vor in Schleswig-Holstein, die Rotbunten kommen auf 30 Prozent, die Angeler auf sieben Prozent.

Bei der Frage nach dem Idealrind geht es um die Alternative: Mast, d. h. Fleisch, oder Milch – oder beides? Denn nicht nur der Fleischmarkt war in der zweiten Hälfte des 19. Jahrhunderts umgekrempelt worden. Auch die Milchwirtschaft wurde revolutioniert, vielleicht sogar noch spektakulärer.

Schlüsselerfindung: Milchzentrifuge

Der Angelpunkt der Revolution in der Milchwirtschaft war eine Maschine, die Zentrifuge, eine Schlüsselerfindung. Um aus Milch Butter oder Käse machen zu können, war es nötig, den Rahm abzuschöpfen. Dafür mußte die Milch still gestellt werden in „Satten", in denen sie sich setzen konnte. Dazu sind extra flache Schalen aus Ton hergestellt worden. Sie wurden im vorigen Jahrhundert größer, auch durch flache Metallbecken ersetzt, um größere Milchmengen effektiver verarbeiten zu können.

Diese „Ruhebedürftigkeit" der Milch blieb platz- und zeitraubend, während daneben schon verschiedene Typen von Buttermaschinen zur Weiterverarbeitung des Rahmes geschaffen worden sind. Bei ihnen kam es auf die Bewegung an, und zwar wie bei vielen anderen Gerätschaften auf das Ersetzen der Auf- und Abwärtsbewegung im klassischen „Butterfaß" durch eine Drehbewegung. Heraus bildete sich die Trommel, die sich verschieden groß dimensionieren und den Leistungsanforderungen anpassen ließ – bis zum Antrieb durch eine Dampfmaschine.

Nur leider hinkte die Rahmgewinnung nach – bis in den 1870er Jahren serienreife Zentrifugen auf den Markt kamen. Wie ein Zauberstab wirbelten sie die bisher so ruhebedürftige Milch herum, aus einem Abfluß Rahm, aus dem anderen Magermilch entlassend, in Strömen. Bald konnte eine Zentrifuge mehrere tausend Liter in einer Stunde schaffen. Dabei war der Apparat nicht einmal so groß wie ein Waschkessel, brauchte aber die Leistung einer Dampfmaschine. Sie ließ sich gut mit einer großen Buttermaschine kombinieren, mit inzwischen erfundenen Kühlaggregaten, mit Pumpen und Dampf: Der wiederum war nützlich zum „Pasteurisieren", einem von Louis Pasteur (1822–1895) erfundenen Verfahren, mit dem die Milch länger frisch bleibt.

Mit einem Wort: Am Ende der 1870er Jahre war die Milchfabrik beisammen, die moderne, maschinelle, von Dampfkraft getriebene Meierei. In Kiel ist im Jahre 1877 die erste Schleswig-Holsteins gegründet worden. In Dithmarschen war Heide 1880 Vorreiter. Zehn Jahre später gab es 38 davon in diesem kleinen Raum. Wie ein Lauffeuer verbreiteten sich die Meiereien im Land, oft genossenschaftlich von Bauern organisiert, aber auch privat und in Gesellschaftsform. Um 1900 bestanden zwischen 1000 und 1100 Milchverarbeitungsbetriebe, einschließlich allerdings der älteren Gutsmeiereien, allein in Schleswig-Holstein. Davon waren 550 Genossenschaftsmeiereien. 1925 waren von 900 Meiereien 650 Genossenschaftsbetriebe.

Sozusagen über Nacht oder doch übers Jahr eröffneten sich der Milchwirtschaft ganz neue Perspektiven. Sie konnte um 1880 auf ein fast vollständig ausgebautes Eisenbahnnetz in Schleswig-Holstein zurückgreifen. Es rückten für Frischprodukte bisher fast unerreichbare städtische Märkte auf Stundennähe heran.

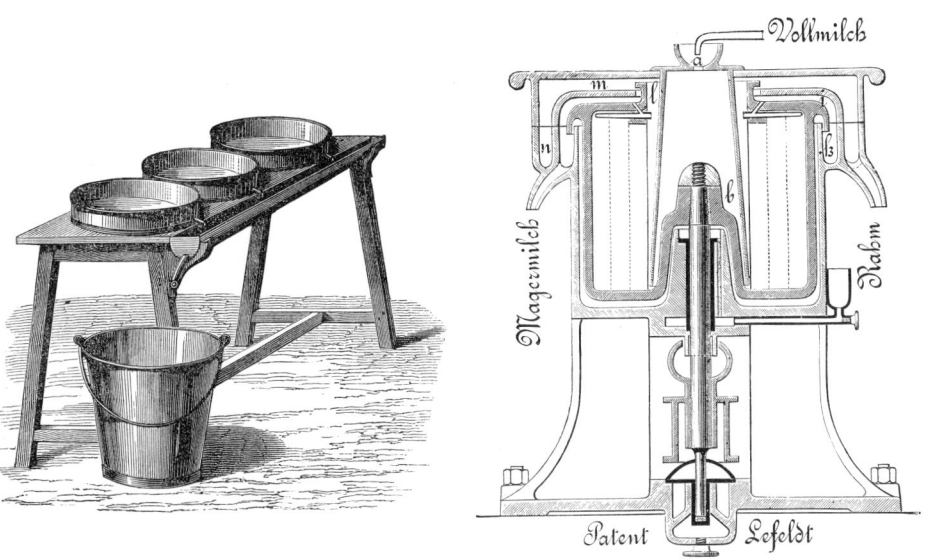

Traditionell ist die Milch zur Abrahmung in Gefäßen aus Holz oder Ton zur Ruhe gesetzt worden, in „Satten" (oben links). Auf dieser Abbildung aus dem Buch „Milch, Butter und Käse" aus dem Jahre 1881 geschieht es in rationalisierter Form. In dem Buch werden auch neuere Verfahren gezeigt, große „Rahmbeete" aus Metall (unten). Völlig neue Dimensionen brachte die Zentrifuge in die Verarbeitung der Milch. Hier (oben rechts) ein Querschnitt aus dem „Handbuch der Milchwirtschaft" von Dr. W. Kirchner, Berlin 1882.

Die Verwandlung von Rahm in Butter gehörte bis in die zweite Hälfte des vorigen Jahrhunderts zur selbstverständlichen Hausarbeit auf jedem Hof. Ein Bild von der Randleiste der Anerkennungsurkunde aus Hohenwestedt von 1859 illustriert das Buttern in „Butterfässern", auch „plempern" genannt. Dieser Tätigkeit wird eine Buttermaschine gegenübergestellt, in der das Plempern in eine Drehbewegung übersetzt wird (unten).

*Anerkennungsurkunde für Herrn Peter Möller aus Stördorf von der Landes-
tierschau in Rendsburg im Jahre 1859. Interessant sind die Randleistenbilder.
Auf ihnen wird links geschildert, wie es „sonst", d. h. früher war und rechts,
wie es „jetzt" ist oder vielmehr sein kann. Die Urkunde ist ein sprechendes
Zeugnis für den Beginn der großen Veränderungen auf dem Lande. Sie ist im
Besitz des Heimatmuseums in Hohenwestedt.*

Für fast ein Jahrhundert ein vertrautes Bild in jedem größeren Dorf: Die tägliche Ansammlung der Milchgespanne und Milchkarren vor der Meierei.

Mit den neuen Möglichkeiten der Milchverarbeitung und der Tiermast wurde es landesweit interessant, sich um die Verbesserung des Viehs zu bemühen – der Aufschwung der Zuchtverbände seit Mitte der 1870er Jahre zeigt das. Tierschauen, Wettbewerbe, Prämiierungen boten Ansporn und Gelegenheit zu Vergleichen und Tests.

In den Städten entstanden als Gegenstücke der Meiereien zahlreiche Milchgeschäfte, Verteilerstationen für Milch, Butter, Käse, häufig auch Eier und Geflügel, die oft ebenfalls mit der Bahn geliefert wurden.

Andererseits fertigten Fabriken jetzt an, was die Umstellung auf maschinelle Meiereien an neuen Gerätschaften erforderte, was gebraucht wurde für den täglichen Weg zum Melken und zur Meierei: verzinnte Eimer, Metallmilchkannen, Trichter, Filter, Milchkarren, Milchwagen, Fahrräder und anderes. Die Zeiten der Holz- und Tongefäße war vorüber. Nur gemolken werden mußte weiterhin mit der Hand. Melkmaschinen sind zwar vor dem Ersten Weltkrieg erfunden worden, hatten aber keine Chance, schon wegen fehlender Antriebskraft.

Die Milch diente seit Urzeiten in den meisten Dörfern vorwiegend der eigenen Versorgung. Ihre Erzeugung wurde jetzt ein marktorientierter Pro-

64

Jahrtausendelang sind die Kühe mit der Hand gemolken worden. Dieses Foto ist gestellt. Keine Frau dürfte früher ohne Kopftuch gearbeitet haben, denn Kühe waren schweißig und schmutzig.

duktionszweig. Ihr Verkauf über die Meierei brachte regelmäßig Bargeld ins Haus, das wiederum in die Steigerung der Produktion oder des Lebensstandards gesteckt werden konnte, in den Einkauf von Dünger, Futtermitteln, eisernen Gerätschaften, Arzneien, Hausrat.

Das liebe Vieh, das noch bis zur Mitte des 19. Jahrhunderts in der bäuerlichen Wirtschaft als unaufwendiger, mitlaufender Universallieferant gehalten wurde, ohne spezielle Aufmerksamkeit auf sich zu ziehen – von Ausnahmen abgesehen –, gewann in wenigen Jahrzehnten einen hohen Stellenwert. Es war, als hätte die Landwirteversammlung von 1847 in Altona mit ihren Rinderporträts einen neuen Geist beschworen. Er entfaltete sich in den letzten drei oder zwei Jahrzehnten des 19. Jahrhunderts zur landesweiten Bewegung, führte zu neuen Formen der Milch- und Fleischerzeugung.

Was tat sich damit eigentlich?

Am Anfang der Kette blieb beim Melken noch die Hand am Euter wie in der Steinzeit. Auch bewegt, d. h. gegossen, getragen oder gefahren werden mußte die Milch noch von menschlicher oder tierischer Kraft, freilich in neuen metallenen Eimern und Kannen aus der Fabrik, die die uralten Holzgefäße verdrängten.

Der Bauernhof aber, auf dem die Milch seit Jahrtausenden mit den Händen verarbeitet worden war, wurde zur Durchgangsstation auf dem Weg zur Meierei: Hofferne Maschinen übernahmen die Verarbeitung, die eigentliche Facharbeit also, und hoffremde Dispositionen sorgten mit Benutzung der marktverändernden Maschinenkraft, der Eisenbahn, für den Absatz in fernen, neuartigen Wohngebieten. Kunden in den Milchgeschäften brauchten nie mehr in ihrem Leben einer Kuh über den Rücken zu streichen, geschweige denn sie zu füttern oder zu melken.

Kuh als chemische Fabrik

Das alles hat sich seither, vor allem seit den 1950er Jahren, weiter verändert, freilich in vorgegebenem Rahmen. Stationäre und mobile Maschinenkraft übernahm die Tätigkeiten, in denen bisher Menschen und Tiere unmittelbar Beteiligte waren und eine Arbeitssymbiose gebildet hatten.

Melkmaschinen, Schlepper, Elektromotoren lösten in zwei Jahrzehnten Menschen und Tiere ab beim Melken und Transport von der Weide zum Hof. Milchtanker übernahmen den Weg zur Meierei. Butter- und Milchzentralen gaben vielen dörflichen Meiereien keine Chance, ihre Hundert-Jahr-Feier noch zu begehen. Supermärkte ließen die Milchgeschäfte verschwinden. Kühlketten brachten das den Milchprodukten günstige Winterwetter stückweise auch durch den heißesten Sommer. Heute schauen viele Kunden schon mißtrauisch, wenn Fleisch, Käse oder andere Lebensmittel im Handel noch einmal mit der Hand berührt werden.

Die Mechanisierung wurde lückenlos, beginnend am Euter der Kuh – eine Hand streicht allenfalls noch darüber, um es für die Maschine geschmeidig zu machen – und endend bei der Milch und den Milchprodukten in geschlossener Fertigpackung im Supermarkt, ein industrielles „Fließband" vom Kuheuter zum Verbrauchermarkt.

Auf dem Hof zählt das liebe Vieh nicht mehr zu den Haustieren. Es ist Produktionsmittel geworden, einer chemischen Fabrik vergleichbar. Die Ernährungslehre ist heute so verfeinert, daß sich genau errechnen läßt, welches Organ im Tier welchen Nährstoff in welcher Dosierung braucht, um Höchstleistungen an Milch oder Fleisch zu erzeugen. Auf der anderen Seite kennt man die Nährwerte der verschiedenen Futterstoffe und kann sie, wo entsprechendes Kapital vorhanden ist, über einen Computer zusammenmischen lassen. In diesen Computer lassen sich auch regelmäßig Werte aus der

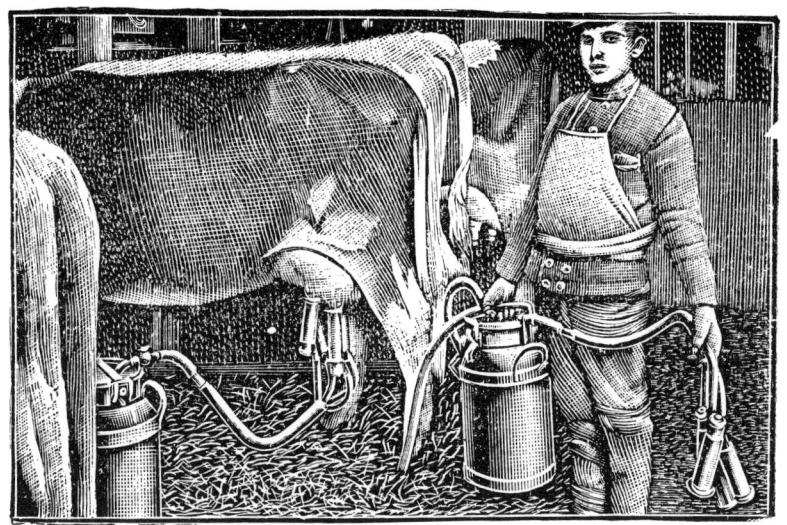

Im Jahre 1912 ist diese Melkmaschine (oben) und der Melkwagen (unten) in dem „Bericht über die vierte milchwirtschaftliche Provinzialausstellung in Kiel" angeboten worden. Es gab mit ihr freilich noch Probleme, mit der Energie und mit den Kosten vor allem.

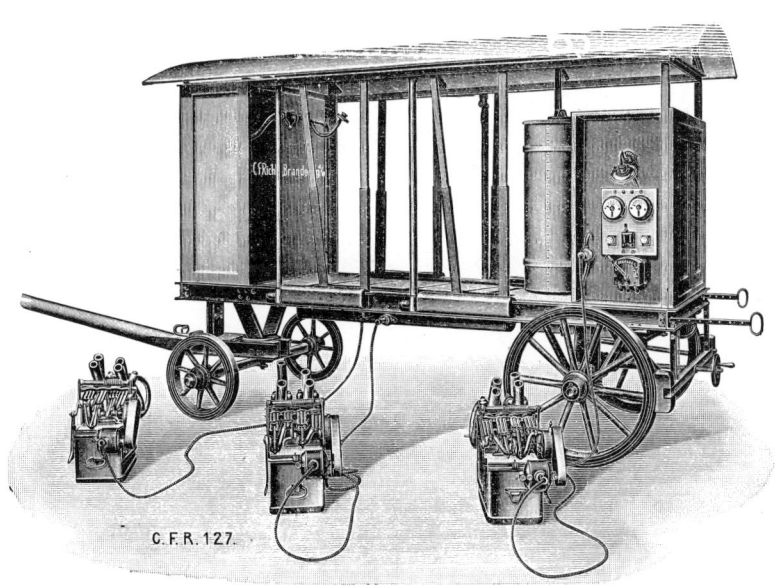

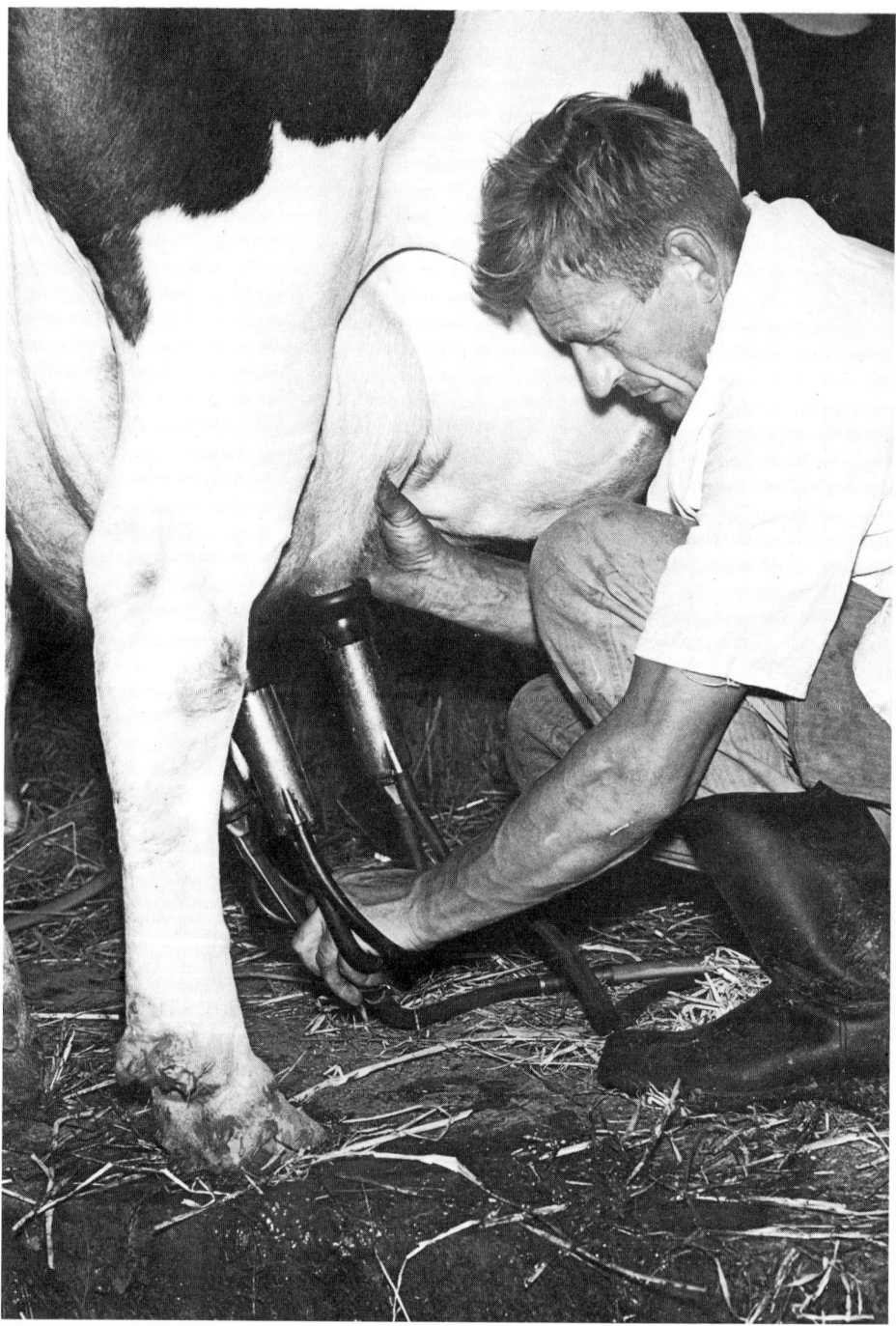

Produktion eingeben, z. B. aus der täglichen Milchmenge mit ihren Qualitätsziffern. Dann kann der Computer den Kreislauf schließen und über eine automatische Mischanlage jeder Kuh die für sie zur Erzielung der Höchstleistung optimale Mischung zuteilen.

Eine Utopie? Auf Landwirtschaftsmessen werden diese Geräte seit Jahren vorgestellt. Inzwischen sind etliche im Einsatz. Wenn also heute ein Mann oder eine Frau am Computer arbeitet, muß es kein Techniker oder Angestellter – es kann ein Landwirt sein, Leiter eines Betriebes für „Tierproduktion".

Das Verhältnis von Menschen und Tieren auf dem Hof, dessen Wandel durch die alte Bezeichnung Haustierhaltung und die neue: Tierproduktion charakterisiert wird, ist anders geworden, unabhängig von individuellen Unterschieden in der Zuneigung zu Tieren. Auch früher mochten einem Landwirt die Tiere emotional gleichgültig sein. Er mußte aber ständig mit ihnen auf Tuchfühlung leben und zu bestimmten Verrichtungen handgemein mit ihnen werden. Menschen und Tiere waren kreatürlich und schicksalhaft in enger Lebensgemeinschaft aufeinander angewiesen.

Heute mag einer seine Tiere lieben. Er muß nicht mit ihnen zusammenleben, er braucht sie nicht mehr als flüchtig, allenfalls zu einzelnen Handgriffen anzufassen. Das Aufeinander-angewiesen-Sein ist zu einer abstrakten wirtschaftlichen Notwendigkeit geworden. Das kommt auch im Stall- und Hausbau zum Ausdruck.

Wohngemeinschaft mit den Tieren

In den alten Bauernhäusern lebten Menschen und Tiere in enger Wohngemeinschaft, sei es im niederdeutschen Fachhallenhaus, das in Holstein vorherrschte, im Haubarg Eiderstedts oder in den Querhäusern Frieslands und Angelns. Überall war die große Diele Gemeinschaftsraum für Menschen und Tiere, Arbeitsplatz, Futterplatz, Scheune, Speicher, Stall. Zur Diele hin waren der Wohnteil, die Ställe, die Erntelager orientiert und so aufeinander bezogen, daß das eine nicht ohne Betreten des anderen benutzbar war.

Am engsten gestaltete sich die Wohngemeinschaft in den niederdeutschen Fachhallenhäusern, früher Niedersachsenhäuser genannt. Das ist u. a. im Meldorfer Bauernhaus, das heute zum Landwirtschaftsmuseum gehört, unmittelbar nachzuvollziehen. Es besteht im Grunde aus einer Halle mit

Erst nach dem Zweiten Weltkrieg hat sich die Melkmaschine zusammen mit dem fahrbaren Alleskönner, dem Schlepper, generell durchgesetzt. Foto aus Thomsen: Vom Hakenpflug zum Mähdrescher. Heide 1983.

einer großen Diele. Auf der Stirnseite kamen Bewohner, Tiere und ganze Erntewagen durch die „Grotdör" hinein oder heraus. An einer Längsseite hatten Rinder, Schweine, Hühner ihre Ställe, an der anderen Längsseite Pferde. Auf der dritten Seite, gegenüber der Grotdör, liegt das Kammerfach mit den Stuben der Menschen. Sie sind, wie die Plätze für das Vieh, unmittelbar auf die Diele bezogen, nur durch einfache Türen abgesondert. Die Türen bilden keine scharfen Trennungen zwischen Wohnung und Stall, Mensch und Vieh. Herd und Küche, Schlafplätze fürs Personal, Vorratskammern sind Bestandteil der großen Diele. Mit ihnen überlappte sich der Wohnbereich mit dem Bereich des Viehs. Die Diele war zentraler Arbeitsplatz auch für Hauswirtschaft, für Erntebergung auf dem Dachboden, für winterlanges Dreschen, zum Füttern des Viehs, zur Aufbewahrung und Pflege des Gerätes.

Menschen und Tiere aßen, arbeiteten, schliefen in so enger Nachbarschaft, daß sie einander ständig hören, riechen und spüren mußten.

Das setzte sich auch außerhalb des Hauses fort. Es gab Aufenthalts- und Nahrungsplätze für Menschen und Tiere rund um die Höfe, die in den Dörfern weit genug auseinander standen, um ausreichend Platz zum Waschen und Werkeln draußen, für Gärten, Dungplätze, Hausweiden und anderes zu haben. Und wohl alle Dörfer Schleswig-Holsteins liegen – von Marsch- und späten Moorsiedlungen abgesehen – am Rande von Niederungen oder Bachtälern, so daß fester Boden für Weiden und Nahrungsmittelanbau einerseits und Wiesen für Äsung oder, wo sie zu weich werden, zur Heugewinnung andererseits für das Vieh zur Verfügung standen. Auch der Standort der Wohnplätze also war von der Mensch-Tier-Symbiose bestimmt.

Der Standort bestimmte weitestgehend die Auswahl der Baustoffe für die Häuser. Im norddeutschen Flachland, zu dem Schleswig-Holstein gehört, gibt es, von unbedeutenden Ausnahmen abgesehen, weder Höhlen, die sich als natürliche Vorratsräume oder Notunterkünfte eignen könnten, noch gewachsenen Stein für den Hausbau. Die Bewohner unserer Landschaft fanden zunächst nur Holz vor, aus dem sich Gerüste bauen ließen, hohe Gräser, Reet, Binsen, Stroh des eigenen Getreides, aus denen sich Dächer machen ließen. Schließlich gab es lehmige, klebrige, durch Feuer hart werdende Erde, die sich zu festen Fußböden stampfen und, auf einem Flechtwerk aus Zweigen verstrichen, zu Wänden verbauen ließ.

Diese Baustoffe waren meistens in der eigenen Feldmark anzutreffen. Von Natur aus neigt Schleswig-Holstein zur Bewaldung. Holz war lange fast allen Bewohnern erreichbar, ebenso wie Lehm und Dachdeckungsmaterial. Eisen für Türhängen oder Beschläge wurde erst seit dem Mittelalter wohlfeil genug zur Verwendung im Haus. Glas, ein Spezialerzeugnis, dessen Herstellung für ein Kilogramm etwa eine Tonne Holz verschlang, kam erst in der Neuzeit in die bis ins 18. Jahrhundert sehr kleinen Fensterrahmen.

Wie bei ihrer eigenen und ihrer Tiere Ernährung profitierten die Bewohner unseres Landes auch für den Hausbau von der Fähigkeit der Natur, sich zu erneuern und Überfluß zu erzeugen. Allerdings erwiesen sich dabei die Menschen schon vor Jahrhunderten als stärker: Trotz der natürlichen Bewaldungstendenz in Schleswig-Holstein machte sich im 16. Jahrhundert Holzknappheit bemerkbar, die half, einer Neuerung den Weg zu bereiten, freilich zunächst zögernd und lange Zeit sehr langsam fortschreitend: dem Bau massiver, aus Backsteinen gemauerter Wände.

Kirchen, fürstliche und adelige Herren kannten das Verfahren schon im späten Mittelalter – der Ratzeburger Dom aus der zweiten Hälfte des 12. Jahrhunderts gilt als erster Backstein-Großbau nördlich der Elbe, von Heinrich dem Löwen initiiert. Auch Großbürger ließen sich im 13. oder 14. Jahrhundert gotische Giebel aufmauern.

In der Marsch, die früher baumarm oder sogar baumlos war, kamen die Beweggründe zur Ablösung der traditionellen Holz-Lehm-Wand durch Backsteine zuerst zum Tragen: Holzmangel, ausreichender Wohlstand, Bedürfnis nach Repräsentation sowie Generationen überdauernde Haltbarkeit.

Ernst Schlee hat 1958 in einem Aufsatz interessante Notizen zum Aufkommen des Ziegelbaues mitgeteilt. Er ist wegen des Holzmangels mancherorts von den Fürsten gefördert worden. Bauern wurden zum Brennen eigener Ziegel ermuntert, etwa im 17. und 18. Jahrhundert. Trotz solcher älterer Vorhaben begann die allgemeine Verbreitung erst mit dem Ende des 18. Jahrhunderts. Das spiegelt sich auch in Aufzeichnungen zur Verbreitung der Berufe.

Erst am Ende des 18. oder zu Beginn des 19. Jahrhunderts nahmen die Maurer an Zahl zu, wurden schließlich zahlreicher als die Zimmerleute. Dabei dürfen wir davon ausgehen, daß die Backsteine dieser Zeit in der eigenen Landschaft und in bäuerlichen Ziegeleien hergestellt worden sind. Transporte über größere Strecken waren wegen des mühsamen und kostspieligen Landverkehrs vermieden worden – von Landstrichen an der Küste, der Marsch vor allem, abgesehen, für die der Wasserweg zur Verfügung stand und die verschiedentlich Baumaterialien aus Holland oder anderen Küstenregionen bezogen.

Der ältere Ziegelbau brachte Verbesserungen, Komfortsteigerung durch dichtere Wände und mehr Dauerhaftigkeit, aber er brachte keine grundlegende Veränderung im Hausbau. Häufig ersetzten die Backsteine lediglich die Lehmflechtwände innerhalb des Fachwerkes. Im ganzen massiv aufgemauerte Wände setzten sich erst im Laufe des 19. Jahrhunderts generell durch.

Ein ganz seltenes Bild: Blick in die verräucherte Herdecke eines Bauernhauses mit offenem Feuer – bis ins vorige Jahrhundert Alltag in fast jedem Haus.

72

Das Herrichten der Feuerung, Holzhacken oder Torfbacken, gehörten bis zu dem Zweiten Weltkrieg zu den selbstverständlichen Tätigkeiten für die Küche. Gertrud von Hassel hat 1945 diese Szene in einer aquarellierten Kreidezeichnung festgehalten.

Oben:
Neben dem Brunnen dienten die natürlichen Gewässer, Gräben, Teiche, Seen
zur Wasserversorgung, vor allem, wenn großer Wasserbedarf vorhanden war
wie beim Spülen der Wäsche. Es war leichter, die Wäsche zum Wasser zu
bringen, als das Wasser zur Wäsche zu tragen. Die Lithographie stammt aus
der Reihe von Baerentzen mit Ansichten aus Schleswig-Holstein von 1859.

Rechts oben:
Der Zimmermann war früher der wichtigste Mann für den Hausbau. Ein
Kupferstich von 1814 zeigt lehrhaft die Hauptarbeitsgänge.

Rechts unten:
Das Einschlachten, das Anlegen von Fleischvorrat gehörte zu den selbstver-
ständlichen Arbeiten der Küche bis nach dem Zweiten Weltkrieg. Der Licht-
druck stammt aus der Serie „Holsteinisches Bauernleben", die 1894 in Leipzig
erschien.

Die Postkarte aus Tellingstedt von etwa 1900 belegt eindringlich die Veränderungen im Erscheinungsbild der Dörfer durch den neuen, gründerzeitlichen Stil. Heute sind dort die Reetdachhäuser Ausnahmen.

„Menschen- und Tierwohnungen" neuen Typs

Gründliche Veränderungen dagegen brachten technische Neuerungen vorwiegend in der zweiten Hälfte des 19. Jahrhunderts auf vielerlei Gebieten: Die Ziegelproduktion nahm ganz neue Ausmaße an, wo größere Betriebe Knetmaschinen, die in den 1850er Jahren auf den Markt kamen, und große Brennöfen (Ringöfen) für Kohlefeuer installierten, wo Transporte durch kleine Schienenfahrzeuge, Loren, im Betrieb und durch die Eisenbahn für den Absatz neue Möglichkeiten erschlossen. Zement, seit 1862 in Schleswig-Holstein bei Itzehoe produziert, war nicht nur ein entschieden besseres Bindemittel, er eignete sich auch für Fußböden, Stufen und anderes.

Gußeiserne Stallfenster, Ausgüsse, Tränken kamen aus neuen Eisengießereien und Maschinenfabriken, die nach dem Vorreiter der Carlshütte in Büdelsdorf bei Rendsburg (1827) in der Jahrhundertmitte in verschiedenen Regionen Schleswig-Holsteins gegründet wurden.

Teer für Dachdeckungen, ein Abfallprodukt der Gaserzeugung, stand seit den 1850er Jahren zur Verfügung. Am Ende des Jahrhunderts kam auch

76

Blech in Gebrauch für Dächer, Dachrinnen und Drempel (kastenförmig verkleidetes oberes Lagergeschoß im Wirtschaftsteil).

Die völlig veränderten, ganz neuartigen Produktions- und Liefermöglichkeiten ließen nach der Mitte des 19. Jahrhunderts einen neuen „Baumarkt" entstehen. Er brauchte offenbar 20 bis 30 Jahre zur Entfaltung in einer ländlichen Welt, die ohnehin zunehmend von einem tiefgreifenden Wandel erfaßt wurde durch neue Anbaumethoden, neue Maschinen und Geräte, neue Düngemittel, neue Ernährungsweisen für Mensch und Tier, neue Transport- und Einkaufsmöglichkeiten, neue Vermarktungen.

Wie also kann es anders sein: Die neuen Anforderungen ans Wirtschaften, die neuen Erträge, der neue Geldumlauf brachten neue Ansprüche an Komfort, Arbeit und Wohnen. Die Weichen für einen neuen Haustyp waren gestellt. Soweit ich es übersehen kann, hört in den 1880er Jahren der Bau alter Bauernhaustypen auf. Ein neuer Stil setzt sich durch, von uns Gründerzeit-Stil genannt. Ich meine damit jene Häuser, die vor und nach der Jahrhundertwende in großer Zahl gebaut wurden und heute noch in den älteren Teilen unserer Dörfer dominieren. Das Gründerzeit-Haus unterscheidet sich in wesentlichen Punkten grundlegend vom traditionellen Bauernhaus. Es bringt das Ende vieler Traditionen. Das drückt sich schon in den Namen aus, die wir auf Entwurfszeichnungen finden: „Wohn- und Wirtschaftsgebäude" oder in Akten der 1880er Jahre auch „Menschen- und Tierwohnungen".

Mit diesen Bezeichnungen ist ein Kardinalpunkt getroffen: die Aufhebung der Wohngemeinschaft von Mensch und Tier. Auch dort, wo Wohnung, Scheune und Stall noch unter einem Dach blieben, bildeten sie zwei verschiedene Teile, von einer Brandmauer getrennt, jeder selbständig in seinen Funktionen, als handele es sich um zwei Häuser. Mit diesen Gründerzeit-Häusern fand allgemeine Verbreitung, was wir heute unter „Wohnung" verstehen: eine Raumkombination mit eigenem Eingang, mit Flur, Küche, Extra-Schlafzimmer, Extra-Wohnzimmer, vielleicht Kinderzimmer und Sonderräumen für spezielle Arbeit, für Personal oder Gäste. Schlafen und Wohnen wurden räumlich getrennt. Die früher selbstverständliche Kombination von Schlaf-Wohnraum blieb nur dort erhalten, wo die Not es unumgänglich machte.

Selbständige Wohnungen hat es auch früher schon gegeben, bei Fürsten, bei Adeligen, bei wohlhabenden Bürgern oder bei reichen Bauern. Allgemein üblich, buchstäblich landläufig wurde diese Wohnform aber erst in der zweiten Hälfte des 19. Jahrhunderts mit den Gründerzeit-Häusern, die vor und nach der Jahrhundertwende in unglaublicher Zahl gebaut worden sind. Bei vielen von ihnen wurde das flach geneigte, mit Teer gedeckte Dach stilbildend.

Auch in der Inneneinrichtung gab es eine kleine Revolution. Diese Häuser hatten keinen Herd mehr mit offenem Feuer, wie es seit der Steinzeit in allen

Trotz traditioneller Elemente
zeigt die Bauzeichnung aus dem
Jahre 1906 von Reimer Rhode-
Hinrichs ein typisches Beispiel
des neuen Bauens auf dem Lande, mit dem die Industriezeit
Leben, Arbeiten und Wohnen
äußerlich und innerlich verän
derte.

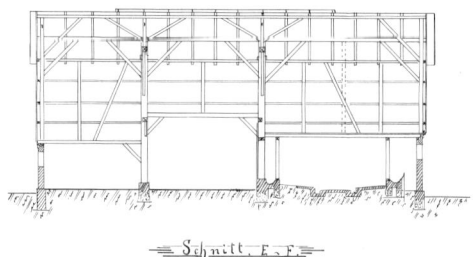

=Schnitt E - F.=

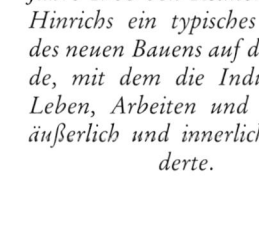

Rechts:
Mit den neuen Häusern hielt
die uns vertraute Wohnung mit
den austauschbaren Möbeln
Einzug auch auf dem Lande.
Im Jahre 1903 warb eine Hamburger Firma mit einer Beilage
der Meldorfer Zeitung für den
Einkauf in Hamburg. Der
Fahrpreis Hamburg–Meldorf
wurde erstattet, wenn der Kauf
zustande kam.

=Ansicht im Süden.=

Der eiserne Herd brachte die saubere Küche – freilich weiterhin mit Haustieren. Die Köksch schaut auf die Maus auf dem Küchenschrank. „Ich werd dich
schon noch kriegen", scheint sie zu sagen. Eine Schul-Lehrtafel von etwa 1910
im Besitz des Dithmarscher Landesmuseums in Meldorf.

Fotos auf den folgenden Seiten:
Die zahlreichen technischen Neuerungen auch im Haushalt ließen es nicht
mehr ausreichend erscheinen, was die jungen Frauen von den Müttern lernen
konnten. Schon bald nach der Jahrhundertwende sind die ersten Haushalts-
schulen eingerichtet worden. Die Fotos stammen aus dem „Prinzeß-Irene-
Heim" in Albersdorf aus den Jahren um 1925.

Häusern gebrannt hatte. Sie haben eiserne, geschlossene Herde mit Schornstein. Für die eiserne Herdplatte mit Löchern und Ringen wurden spezielle Töpfe und Pfannen aus Metall benötigt. Sie kamen wie der Herd seit etwa 1850 aus Fabriken und verdrängten sehr schnell die älteren Kochgeschirre aus Ton oder Metall, die Dreiböcke oder Füße benötigt hatten, um im offenen Feuer stehen zu können.

An dem neuen Herd schlug der Hausfrau normalerweise kein Rauch mehr entgegen. Ihre Küche wurde rauchfrei, ließ sich putzen, sauberhalten und auch zum täglichen Wohnen benutzen, da sie vom Herdfeuer für das Kochen immer warm war.

In den Stuben ging die Zeit der Bilegger vorüber. Die Wohnstuben bekamen eigene Öfen, beheizt nicht mehr allein vom Holz oder Torf, sondern von Kohle bzw. Briketts, d. h. gebackenem Kohlenstaub, dem billigsten Heizmaterial des neuen technischen Zeitalters.

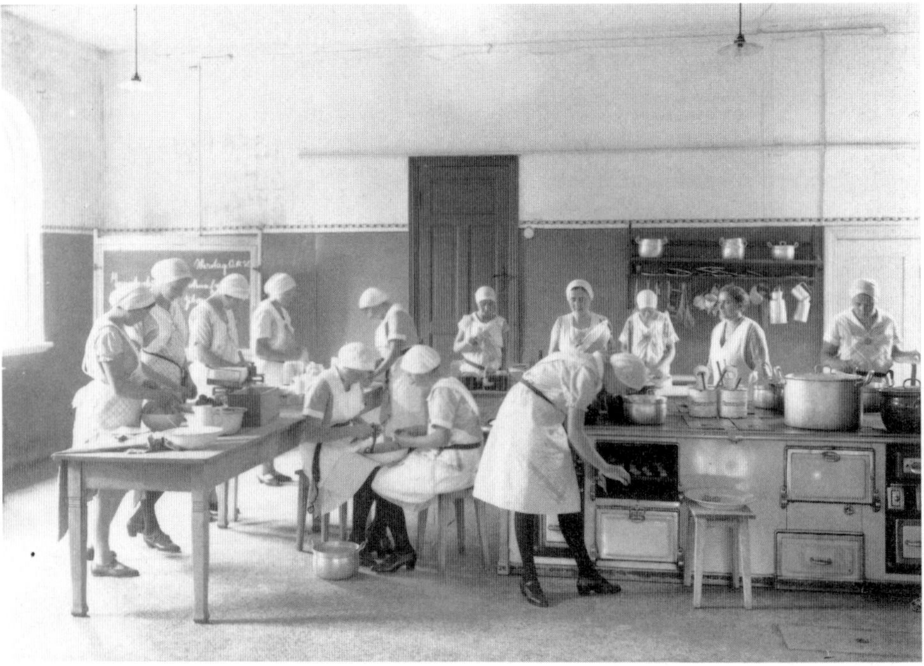

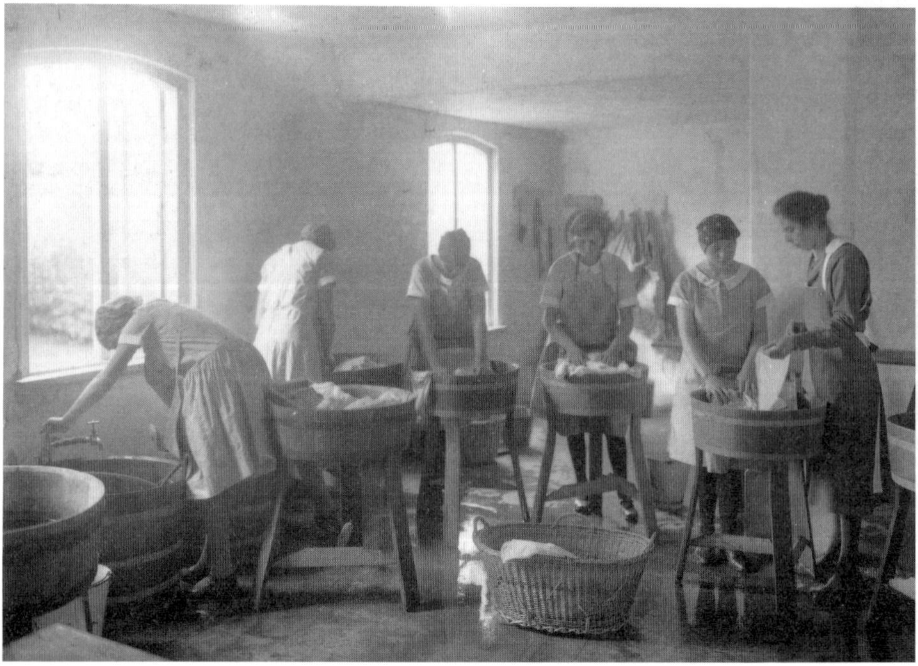

Wie Küche und Öfen kamen auch die übrigen Einrichtungen der Stuben als bewegliche, auswechselbare Möbel aus den Fabriken oder nach ähnlichen Mustern arbeitenden Werkstätten. Eine Festlegung der Hauptfunktionen durch Einbaumöbel, im alten Bauernhaus die Regel, wurde jetzt zur Ausnahme. Wohnungen bauen hieß jetzt, leere Räume bauen, die nach Geldbeutel, Bedarf und Belieben eingerichtet wurden.

Von 1800 bis 1900 veränderte sich der Charakter des Wohnens einschneidend. Das ist beim Vergleich etwa der Wohnsituation im Bauernhaus am Meldorfer Landwirtschaftsmuseum (Zustand vor 1850) mit der Wohnung des Schmieds im Landwirtschaftsmuseum (Zustand nach 1900) offensichtlich.

Mit den alten Bauernhäusern ging die Zeit zu Ende, in der Hauseinrichtungen, Stuben, Ausstattungen von Generation zu Generation weitergegeben wurden, in der Männer und Frauen in den gleichen Räumen starben, in denen sie geboren worden waren wie schon die Eltern. Nur durch dieses Forterben der Einrichtungen haben wir jahrhundertealte Stuben für Museen erhalten können.

Die neuen Wohneinrichtungen der Jahrzehnte vor und nach 1900 hielten meistens nur noch eine Generation lang. Sie wurden zur Hochzeit angeschafft und von den Erben allenfalls stückweise übernommen. Das war nur möglich durch Vermehrung und Beschleunigung des Warenumschlags. Immer seltener lagen Rohstoffquellen und Herstellungswerkstätten in der Nähe, immer seltener wurden die Benutzer einbezogen in Herstellung und Zulieferung von Haus- und Einrichtungsteilen. Wie bei den neuen Maschinen und bei dem Dünger kamen immer mehr Bestandteile von weit her, aus den Ressourcen der ganzen Welt schließlich. Abbau, um nicht zu sagen Raubbau, und Herstellungsstätten lagen irgendwo auswärts, wurden zum Teil in andere Kontinente verlagert.

Maschinenschuppen und Organisationsbüro als Bauernhof

Vermehrung und Beschleunigung des Warenumschlags durch den Industria-
lisierungsprozeß waren Voraussetzung für das neue Wirtschaften, Bauen und
Wohnen. Dieser Prozeß setzte sich bis heute weiter fort, besonders angeheizt
durch neue Technologien und neuen Wohlstand nach dem Zweiten Weltkrieg. Wer wechselt heute nicht im Laufe seines Lebens wiederholt seine
Wohneinrichtung? Rückgriffe auf großelterliche Möbel, früher eine wirtschaftliche Notwendigkeit, sind zum Luxus geworden. Alte Einrichtungs-
gegenstände wurden zur Liebhaberei, zu Antiquitäten.

Der gleiche Prozeß hat auch den Hausbau weiter verändert. Was um 1900
noch traditionell geblieben war an den Gründerzeit-Häusern – die Kombination von Stall und Scheune etwa im zweigeschossigen Wirtschaftsteil, die
Einrichtung von Küche und Wohnung für Familie und Personal sowie die
Erzeugung der Grundnahrungsmittel für den eigenen Bedarf (Gemüse, Obst,
Milch, Fleisch, Eier, Brot) –, ist heute nicht mehr selbstverständlich. Mechanisierung und Spezialisierung landwirtschaftlicher Betriebe haben zu veränderten Wirtschafts- und Gebäudeformen geführt.

Reine Ackerbaubetriebe brauchen eigentlich nur noch ein Wohnhaus, etwa
im Bungalowstil, und eine Großgarage für Maschinen. Saatgut wird ackerfer-
tig bezogen, die Ernte wird vom Acker weg in merkantil oder genossenschaftlich betriebene Großsilos gefahren, Stroh bleibt auf dem Acker oder
wird draußen gestapelt. So ein Getreidebetrieb ist eigentlich kein Bauernhof
im alten Sinne mehr – eher Maschinenstation und Organisationsbüro.

Oder das Gegenstück: der reine Viehbetrieb. Es gibt ihn spezialisiert auf
die Mast von Rindern oder Schweinen oder Geflügel, teilweise bereits ohne
eigene Ackerflächen. Fabriken also sind es, die ihre Apparate, ihre Tiere und
ihre Rohstoffe, das Futter, von anderswo her beziehen – von Spezialbetrie-
ben wiederum – und ihre fertigen Produkte, Eier oder Fleisch, über Absatz-
organisationen vermarkten.

Die Unterschiede sind freilich oft nur graduell. Auch in Deutschland gibt
es fabrikartige Viehhaltung, bei der Äcker in Gefahr kommen, nur noch als
Jauchedeponien herhalten zu müssen und nur noch mit toleranten Feldfrüch-
ten bestellt zu werden, mit Mais etwa.

Das ist glücklicherweise nicht die Regel, tritt aber in verkleinertem Aus-
maß auch anderswo auf. Die Spezialisierungen führen zu Teilungen der
Nutzung, aber auch zu Teilungen der Abfälle, die sich in der alten, kombi-
nierten Wirtschaftsform gegenseitig ergänzen konnten und auch immer noch
können. Viele Höfe werden bis heute als kombinierte Acker-Grünland-
Betriebe bewirtschaftet.

Spezialisierung aber führte – das war der Ausgangspunkt der Überlegun-
gen – zu neuartigen Hofformen. Für Rinder- oder Schweinehaltung wurden

Zwei Aquarelle des Architekten Vollert illustrieren die Veränderungen der
neuesten Zeit auf dem gleichen Hof. Oben das gründerzeitliche Ensemble mit
Wohnhaus und Scheune, auf der folgenden Seite der moderne, flache Stall
ohne Lagerboden, der nach einem Brand den Altbau ersetzte.

niedrige Ställe mit Futtersilos üblich, die getrennt von den Wohnhäusern liegen und kein Dachgeschoß mehr für die Einlagerung von Heu oder Stroh besitzen. Soweit es noch zur Fütterung verwendet wird, wird es in Ballen oder Rollen vom Boden hoch gestapelt, soweit die Stapelgabel des eigenen Schleppers reichen kann. Oder es bleibt draußen, auch dort eventuell schlepperhoch gestapelt.

Heu ist ohnehin seltener geworden für die Fütterung. Viel Gras wird siliert, d. h. noch grün in flachen Silos unter Druck eingelagert, wobei häufig der Schlepper Walzendienste verrichtet. Es soll eine gute Gärung geben. Im Winterhalbjahr werden dann mit einem Schlepperanbaugerät jeweils passende Tagesrationen vom gepreßten Stapel abgesägt.

Also: Auch für einen Viehbetrieb ist ein Maschinenschuppen neben dem Wohnhaus von großer Wichtigkeit. Dazu kommt der langgestreckte Stall mit Mistförderanlage, flachen Silos und festem Untergrund für die täglichen Maschineneinsätze.

Was bedeutet das alles?

Die „Wohn- und Wirtschaftsgebäude" aus den letzten Jahrzehnten des vorigen und der ersten Hälfte unseres Jahrhunderts waren trotz aller Neuerungen noch von der traditionellen Idee einer Gesamtwirtschaft zur Behausung und Ernährung von Menschen und Tieren ausgegangen. Dieses uralte Prinzip ist seit den 1950er Jahren durch Spezialisierungen sozusagen in seine Elemente aufgelöst worden.

Ein Landwirt wird mir sofort entgegenhalten, daß das zu einseitig gesehen sei, weil Viehhaltung und Ackerwirtschaft immer noch in vielen Betrieben miteinander kombiniert werden. Ja, aber: Auch in diesen Betrieben kommen die meisten Ackerfrüchte, Korn, Rüben, Raps, gar nicht mehr auf den Hof, sie werden vom Acker weg in das Vermarktungssystem eingeschleust. Auch in diese Betriebe kommen Lkw mit den großen Kraftfuttertrichtern regelmäßig zum Nachbessern des Viehfutters. Auch in diesen Betrieben werden im Garten oder im Stall in der Regel keine Nahrungsmittel mehr für den eigenen Gebrauch produziert, es sei denn als Hobby der Bäuerin. Auch vor der Küche hat die Entwicklung nicht haltgemacht, die Spezialisierung und Verlagerung der Verarbeitung und Produktion nach außen in Spezialbetriebe. Eine moderne Bauersfrau kauft für den täglichen Bedarf im Supermarkt. Deswegen besitzt sie in ihrem Wohnhaus anstelle der alten Küche nur noch ein „Schribbenlabor", wie eine Städterin im Hochhaus, ohne Sitzplätze für Personal.

Welche Landfrau oder welcher Landwirt weiß noch, wo und von wem die Speisen in seinem Kühlschrank oder auf seinem Essentisch geerntet und verarbeitet worden sind? Bei wem ist nicht auf den Etiketten des Speisevorrates die halbe Welt versammelt, sofern die Herkünfte ausgewiesen sind?

Der Kühlschrank und sein Inhalt sind wie fast alles auf dem Hof Ergebnisse weltweiter Verflechtungen. Der Standort von Kühlschrank, von Küche und von dem ganzen Betrieb hat an Bedeutung verloren. Gewünschte Baustoffe sind überall hin lieferbar ebenso wie Kraftfutter, Dünger, Maschinen, Energie, Arzneien und vieles andere. Nicht mehr die Menge, Qualität und Vielfältigkeit der natürlichen Rohstoffe und Wachstumsquellen in der eigenen Umgebung, nicht mehr der Existenzkampf mit den Unbilden der Natur, des Wetters, des Bodens, des Wassers, der Mißernten, der Schädlinge, der Unkräuter sind entscheidend für das Überleben eines Hofes. Die Gunst der Lage wird vielmehr wie bei der gewerblichen Wirtschaft bestimmt von der durch Menschen geschaffenen „Infrastruktur", von Standort also und Leistungsfähigkeit, das heißt vor allem von Hofgröße und Einbindung in das weltweite Versorgungs- und Vermarktungssystem. Natur ist darin Medium geworden, Rohstoff und Produktionsmittel.

Die landwirtschaftlichen Betriebe teilen also das Schicksal der nichtland-

Die Treckerfahrerin. Linolschnitt von Heinrich Heidel

wirtschaftlichen Betriebe und Siedlungen, in denen heute die meisten Bewohner Schleswig-Holsteins arbeiten und leben. 94 Prozent aller Erwerbstätigen sind nicht in der Landwirtschaft beschäftigt. Für sie sind häufig genug die Äcker, Weiden, Wiesen rund um die Dörfer zur Ersatz-„Natur" geworden. Von wirklicher Natur läßt sich in Schleswig-Holstein nicht mehr sprechen, nur von „naturnahen Flächen", die außerhalb der Bewirtschaftung liegen und z. T. unter „Naturschutz" stehen. Auch sie können nur existieren, solange sie künstlich aufrechterhalten werden.

Literatur

Agrargeschichte

F. W. Henning: Landwirtschaft und ländliche Gesellschaft in Deutschland. Band 1: 800 bis 1750. Uni-Taschenbücher 894, Paderborn 1979. Band 2: 1750 bis 1976, Uni-Taschenbücher 774, Paderborn 1978.

Ernst Klein: Geschichte der deutschen Landwirtschaft im Industriezeitalter. Wissenschaftliche Paperbacks, Sozial- und Wirtschaftsgeschichte, Band 12. Wiesbaden 1979.

P. Gräbner: Handbuch der Heidekultur. Leipzig 1904.

Georg Friedrich Dittmann: Vollständige Anweisung zur Kenntniß zum vortheilhaften Betriebe der schleswig-holsteinischen Landwirthschaft. Altona 1858.

P. Reber: Handbuch der praktischen Landwirtschaft für Gutsbesitzer, Oekonomen, Landwirthe . . . Nürnberg 1857.

Festgabe für die Mitglieder der elften Versammlung Deutscher Land- und Forstwirthe . . . hrsg. vom Grafen Ernst Reventlow-Farve und dem Kammerherrn, Forst- und Jägermeister H. A. v. Warnstedt in Plön. Altona 1847.

Erinnerungen und Notizen des Barthold Schoof. Von den Anfängen moderner Landwirtschaft 1826–1870. Zs. „Dithmarschen" 2/1982.

Aus den Lebenserinnerungen des Peter Jacob Hedde (1791–1868). Zs. „Dithmarschen" 3 und 4/1984.

Zu Flurbereinigungen etwa: Das Unternehmen Landentwicklung. Programm Nord. Eider-Raum. Herausgegeben von Dr. Claus Bielfeldt. Materialsammlung der Agrarsozialen Gesellschaft e. V. Kiel 1967.

Vorgeschichte

Herbert Jankuhn: Vor- und Frühgeschichte vom Neolithikum bis zur Völkerwanderungszeit. In: Deutsche Agrargeschichte, hrsg. von Prof. Dr. Günther Franz. Stuttgart 1969.

derselbe in: Geschichte Schleswig-Holsteins, Band 2, Römische Kaiserzeit und Völkerwanderungszeit. Neumünster 1964.

Jürgen Hoika: Das Mittelneolithikum z. Zt. der Trichterbecherkultur in Nordostholstein. Zs. „Offa" 61, 1987.

Volker Arnold: „Die Dithmarscher", Zs. „Dithmarschen" 2/1979.

A. Bantelmann: Die kaiserzeitliche Siedlung von Ostermoor bei Brunsbüttel-koog. Zs. „Offa" 15, 1957/58.
derselbe: Tofting, eine vorgeschichtliche Warft an der Eidermündung. Neumünster 1955.

Biologie und Umwelt

Berndt Heydemann/Jutta Müller-Karch: Biologischer Atlas von Schleswig-Holstein. Neumünster 1980.
Berndt Heydemann/Hans Meyer: Auswirkungen der Intensivkultur auf die Fauna in den Agrarbiotopen. In Zs. „Landespflege und Landwirtschaft", Heft 42/1983. Hrsg. vom Dt. Rat f. Landespflege.
Zu Problemen von Gesellschaft und Umwelt in den vorkapitalistischen Produktionsweisen – von Peter Musiolek/Siegfried Epperlein/Hagen Fischer/Wolfgang Kagel/Martina Schattkowsky, im Jahrbuch für Wirtschaftsgeschichte. Berlin (DDR), 1983/IV.

Zur Holzkultur

Christian Andresen: Ist für das Herzogthum Schleswig ein Holz- und Torfmangel zu befürchten? Und wie ist, in diesem Falle, demselben durch Holzanbau entgegen zu arbeiten? Friedrichstadt, 1818.
R. J. Gleitsmann: Rohstoffmangel und Lösungsstrategien: Das Problem vorindustrieller Holzknappheit. S. 104–154 in: Technologie und Politik, Band 16. Demokratische und autoritäre Technik. rororo aktuell 1980.
„Holzschulen" in Dithmarschen: Georg Marten und Karl Mäckelmann: Geschichte und Landeskunde Dithmarschens. Heide 1927. S. 355.

Geräte, Maschinen, Arbeit

Ulrich Bentzien: Bauernarbeit im Feudalismus. Landwirtschaftliche Arbeitsgeräte und -verfahren in Deutschland von der Mitte des ersten Jahrtausends unserer Zeitrechnung bis um 1800. Berlin 1980 (DDR).
Dr. Wilhelm Hamm: Die landwirtschaftlichen Geräthe und Maschinen Englands. Braunschweig 1858.
Lexikon der gesamten Technik. Hrsg. von Otto Lüeger. Stuttgart und Leipzig 1904 (5 Bände).
Arnold Lühning: „Sonst" und „Jetzt". Landwirtschaftliche Innovationen im Spiegel einer Ehrenurkunde von 1859. In: Festschr. Bausinger: Volkskultur in der Moderne. Rohwoldt 1986.

Ralf Vogeding: Die Bedeutung neuer landwirtschaftlicher Maschinen für Bauern, Tagelöhner und Handwerker in der zweiten Hälfte des 19. Jahrhunderts ... In: Zs. „Volkskunde in Niedersachsen". Jg. 4, Dez. 1987.

Jürgen Scheffler: Landwirtschaftliche Gelegenheitsarbeiter und ländliche Gesellschaft in Dithmarschen. Zs. „Dithmarschen" 1/1987.

derselbe: „Dampdöscher", „Dagglöhner" und „Monarchen" – technischer Wandel, Arbeitsmarkt und Arbeiterschaft in der Landwirtschaft Schleswig-Holsteins. In: Rainer Paetau/Holger Rüdel: Arbeiterschaft und Arbeiterbewegung in Schleswig-Holstein. Neumünster 1987.

J. Diederichs: Eisern in die neue Zeit. Metallverarbeitende Industrie der Provinz Schleswig-Holstein um 1900 im Spiegel zeitgenössischer Texte und Bildquellen. Arbeitskreis für Wirtschafts- und Sozialgeschichte. Kiel 1984.

derselbe als Hrsg.: Schleswig-Holsteins Weg ins Industriezeitalter. Hamburg, Christians 1986.

Nis R. Nissen (Hrsg.): Menschen, Monarchen, Maschinen. Landarbeiter in Dithmarschen. Heide 1988.

Pferde und Vieh

Nis R. Nissen: Das Pferd – Arbeitstier und Statussymbol. Zs. „Dithmarschen" 1/1985.

Nis R. Nissen: Das liebe Vieh. Vom Haustier zum Produktionsmittel. Zs. „Dithmarschen" 2/1983.

R. Georgs: Das rotbunte Holsteiner Rind. Hannover 1914.

Max Röstermundt: Bad Bramstedt. Der Roland und seine Welt. Neumünster 1952.

Ernst Granz: Tierproduktion. Hamburg 1978.

Die Schleswig-Holsteinische Bank und ihr Arbeitsfeld im Lichte geschichtlicher Entwicklung. Festschr. z. 50jährigen Bestehen der Bank, hrsg. von Dr. A. Geerkens. Husum 1926.

Milchwirtschaft

Dietrich Hill: Milch- und Meiereiwirtschaft in Schleswig-Holstein im Wandel der Zeit. Zs. der Ges. f. Schl.-Holst. Gesch. 1983.

A. Lüthje: 1877 – das Jahr der Tendenzwende in der Milchwirtschaft. Genossenschaftliche Mitteilungen, Mitteilungsblatt des Raiffeisen-Verbandes Schleswig-Holstein und Hamburg. Kiel Jg. 43/1977.

Lutz Middelhauve: Geschichte und Entwicklung der Schleswig-Holsteinischen Milchwirtschaft. Ohne Jahr.

Hausbau

Volker Arnold: Die Niederbrennung Heides am 13. 6. 1559 im Spiegel neuer Bodenfunde. Zs. „Dithmarschen" 1/1986.

H. Lüttjohann: Vom Lehmfachwerk zum Ziegelbau niedersächsischer Bauernhäuser in Mittelholstein. Zs. „Nordelbingen" XII/1936.

Ernst Schlee: Das Bauernhaus in Schleswig und die massive Ziegelwand. Jahrbuch für Schleswigsche Geest, 6/1958.

Ernst Schlee: Wie man in Rendsburg im 16. und 17. Jahrhundert Häuser baute. Zs. „Nordelbingen" 14/1938.

Klaus J. Lorenzen-Schmidt: Landhandwerker im Kirchspiel Marne von 1673 bis 1864. Zs. „Dithmarschen" 1/1984.

Nis R. Nissen: Meldorfer Museumsführer. Heide 1987.

derselbe: Vom Reetdach zur Teerpappe. Zs. „Dithmarschen" 1/1984.

Hargen Thomsen: Bauzeichnungen und -unterlagen des Lundener Bauunternehmers Reimer Rohde Hinrichs, ca. 1879–1915. Zs. „Dithmarschen" 1/1984.

Nils Hansen, Seminar für Volkskunde an der Kieler Universität: Manuskript des Forschungsauftrages im Landwirtschaftsmuseum Meldorf zu Wohn- und Wirtschaftsgebäuden der Gründerzeit. 1987.

Statistiken u. a.

Joh. v. Schröder/Herm. Biernatzky: Topographie der Herzogthümer Holstein und Lauenburg . . . 1855.

Beiträge zur historischen Statistik Schleswig-Holstein. Hrsg. vom Statistischen Landesamt Schleswig-Holsteins. Kiel 1967.

Die Bevölkerung der Gemeinden in Schleswig-Holstein 1867–1970. Hrsg. vom Statistischen Landesamt Schleswig-Holstein. Kiel 1972.

Statistisches Jahrbuch des Deutschen Reiches u. a. m.

DIE WEGE DER NÄHRSTOFFE, MINERALSTOFFE, S

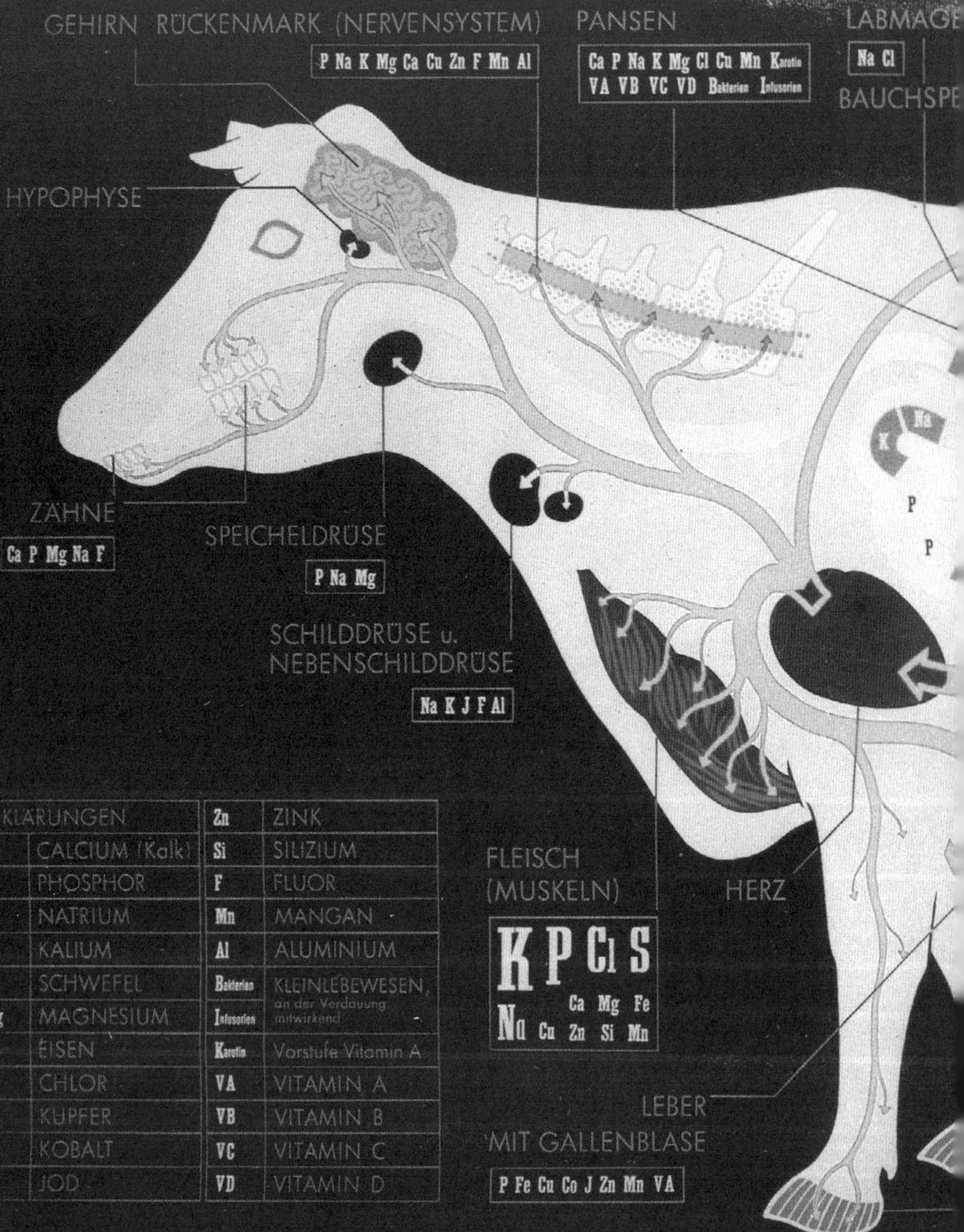

GEHIRN RÜCKENMARK (NERVENSYSTEM)

P Na K Mg Ca Cu Zn F Mn Al

PANSEN

Ca P Na K Mg Cl Cu Mn Karotin
VA VB VC VD Bakterien Infusorien

LABMAGE

Na Cl

BAUCHSPE

HYPOPHYSE

K Na

P

P

ZÄHNE

Ca P Mg Na F

SPEICHELDRÜSE

P Na Mg

SCHILDDRÜSE u.
NEBENSCHILDDRÜSE

Na K J F Al

ERKLÄRUNGEN			
Ca	CALCIUM (Kalk)	Zn	ZINK
P	PHOSPHOR	Si	SILIZIUM
Na	NATRIUM	F	FLUOR
K	KALIUM	Mn	MANGAN
S	SCHWEFEL	Al	ALUMINIUM
Mg	MAGNESIUM	Bakterien	KLEINLEBEWESEN, an der Verdauung mitwirkend
		Infusorien	
Fe	EISEN	Karotin	Vorstufe Vitamin A
Cl	CHLOR	VA	VITAMIN A
Cu	KUPFER	VB	VITAMIN B
Co	KOBALT	VC	VITAMIN C
J	JOD	VD	VITAMIN D

FLEISCH
(MUSKELN)

HERZ

K P Cl S
Na Ca Mg Fe
Cu Zn Si Mn

LEBER
MIT GALLENBLASE

P Fe Cu Co J Zn Mn VA

Durch den Darm gelangen die Mineralstoffe ins Blut und werden im Körper verteilt. Ist der Leistungsbedarf gedeckt, werde
in diesen Speichern sind sie jederzeit verfügbar. Bei ungenügender Versorgung mit Mineralstoffen und